경호무술 실전편

7

경호무술

Since 1992
警護武術

경호무술 실전편

7

경호무술창시자 **장명진** 지음

이담 Books

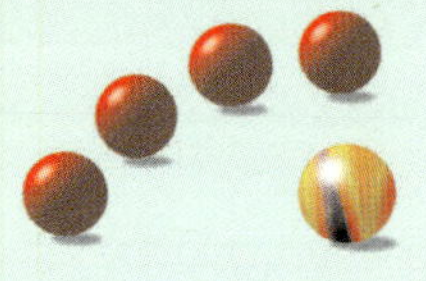

발 간 사

경호무술이란 자신을 포함하여 경호 대상에게 가해져 오는 공격으로부터 신체 및 생명을 보호해주는 **호위호신무술**이다.

경호무술을 창시한 본인은 1986년 군 복무시절 708특공대(경호부대)에서 경호무술에 대한 연구를 시작하였고, 1992년 3월 18일 국내최초로 서울특별시 중랑구 신내동에 경호원을 양성하는 국제경호아카데미를 개원하였다. 이후 1994년부터 2004년까지 『경호무술』, 『경호실무』(개정7권)를 공식 출판했으며, 특히 경호무술에 대한 무적·공법·기법·격투체계에 대하여 체계화와 정형화에 힘써 왔다. 아울러 경호무술에 대한 학문적 이론을 정립하여 체계화하였다. 국제경호아카데미 경호원 양성과정 및 장명진경호무술원과 대학교 등 외부기관에 출강하면서 착안한 경호무술 교육체계에 대하여 연구 표준화한 것을 1996년에 오픈한 사이버 경호무술교실에 구축하였다. 구축한 연구 내용을 정리하여 2004년 경호무술 개정본(본인이 직접 연구, 저술, 시연, 편집, 출판해 1인 5역으로 1,704page, 무게 8kg, 대작완성)으로 발간하였다.

이렇게 연구 출판된 『경호무술』은 각 군 관계부대와 직무에 관련된 정부기관인 경찰청, 경호처, 국정원, 법무부, 국무총리실, 국회 등 관계기관을 포함해 대학의 경호직무 관련(경호, 경찰, 군사, 교도 등) 학과와 경호무술원지도자, 수련자들에게 전공 및 연구교재로서 사용되면서 체계화된 학문적 이론과 과학적인 기술이 널리 알려지게 되었다. 아울러 국민의 여가와 체위 향상에 기여하고 있으며, 새로운 직업 창출에도 이바지하고 있다. 또한 해외보급이 본격화되면서 문화외교 역할을 통한 국위선양과 경제활동을 통한 서비스 산업으로 국익에 크게 기여하고 있다. 이처럼 경호무술은 그동안 최단 기간에 우리의 대중적 무예로 크게 발전해 국가와 사회에 기여하게 되어 창시자로서 매우 기쁘게 생각한다.

무예는 전통적으로 지·덕·체를 교육이념으로 삼아 왔으며, 또한 충효의 근본을 가르치는 역할을 담당하기도 했다. 무예를 가장 큰 교육이념으로 여겼던 나라는 동서양을 막론하고 대부분 부국강병을 성공적으로 이루어 오늘날 군사 및 경제 대국이 되었다. 세계사에서 부국강병을 이루게 된 대표적인 나라들로 영국과 일본을 주목하고 있다. 이들 나라의 공통점은 그 나라를 대표하는 무인정신을 꼽는다. 영국은 기사도정신 그리고 일본은 사무라이정신이 바로 그것이다. 이 같은 정신을 무사도 정신이라고 말하기도 한다. 중국 또한 무예를 신(神)이라 부를 만큼 신성시해 왔으며, 무예인들이 인격도야에 정진하면서 무예인을 도사라 칭하기도 했다. 이처럼 무예는 정치, 경제, 사회, 문화를 초월하는 보이지 않는 강력한 힘으로 다양한 가치를 재창조하는 에너지 원천과 같아 오늘날 첨단과학이 지배하고 있는 21세기가 된 지금도 세계 각국은 무예를 다양한 각도에서 연구하고 활용방안을 모색하고 있다. 많은 나라가 무예를 학교 체육 정규과목으로 채택해 교육을 강화하고 있으며, 문화 자원화 차원에서 무예에 대한 지식재산권을 확보하는 데도 힘을 쏟고 있다.

이 같은 변화에서 다소 늦은 감은 있으나 우리나라에서도 2008년 전통무예진흥법이 만들어진 점에 대하여 매우 다행스럽게 생각하며, 경호무술이 향후 국민의 건강 및 문화생활향상과 더불어 안전하고 행복한 삶을 추구하는 무술로서 한국을 대표하는 무예로서 세계화되기를 바란다. 끝으로 2011년 경호무술 책이 분권 출판되게 도와주신 한국학술정보(주) 사장님 및 관계자와 우리 가족 모두에게 깊이 감사한다.

❖ 경호무술창시자 장명진 약력

- 사단법인 한국경호무술진흥회 회장
- 전통무예원류적통자 모임 간사
- 장명진경호무술원 총원장
- 국무총리실 국가재난관리본부 자문위원
- 초당대학교 경호학과(경호무술) 겸임교수
- 고려대학교 사범대학원 석사과정(경호무술) 강사
- 선문대학교 무도학과, 충청대학 태권도학과(경호무술) 강사
- 국립경찰대학 수사보안연수소(인질협상/경호전략) 강사
- 중국연길시공안국 보안전문대학교 명예교수
- 한서대학교, 서일대학 사회교육원 경호학과(경호무술) 강사
- KBS아카데미 경호원 양성과정(경호무술) 강사
- 사단법인 한국무예포럼 운영위원
- 주식회사 탐경(경호회사) 대표이사
- 국제경호아카데미 원장
- 국제경호협회 회장
- 한국안전교육학회, 한국경호경비학회 운영위원
- 사단법인 한국경비협회 신변보호분과 운영위원
- 사단법인 한국직능단체총연합회 상임부회장
- 제10기 민주평화통일 자문위원(대통령)회 자문위원
- 윗몸일으키기(14,824회) 기네스 기록보유(1990년)
- 『경호무술』, 『경호실무』 저술(개정7권, 1994년~2011년)
- 『경호직무능력표준』, 『경호자격규정집』(2004년~2005년)
- 「경호산업문제분석과 발전방안에 관한 연구」 외 다수
- 대통령표창(2002년), 국무총리표창(2007년)

[무술입문 및 경호무술 창시 보급]

7세에 무예에 입문하여 태권도, 태껸, 합기도, 쿵후 등을 수련하고 경호무술을 창시하는 등 40여 년간 무공을 쌓았다. 1986년 708특공대(경호부대) 복무 중 경호무술 연구를 시작해 1992년 정립한 경호무술을 국내최초로 설립된 국제경호아카데미에서 경호원양성 교육과정 으로 지도하기 시작했다. 이후 대학(교) 경호무술학과 및 경호학과 그리고 유관학과에 보급 하였다. 1996년 국내최초로 인터넷 경호무술강좌를 시작하였으며, 초·중·고등학생 및 일반 인을 대상으로 경호무술원을 개원하여 전국에 보급하고 있다. 중국·미국·남미지역에 해외지 부를 두고 세계화 중에 있으며 국내외 주요 방송매체를 통해 크게 주목받고 있다.

목차

경호무술 창시 기원과 역사

제 7 권 경호무술 실전편

武
術
觀

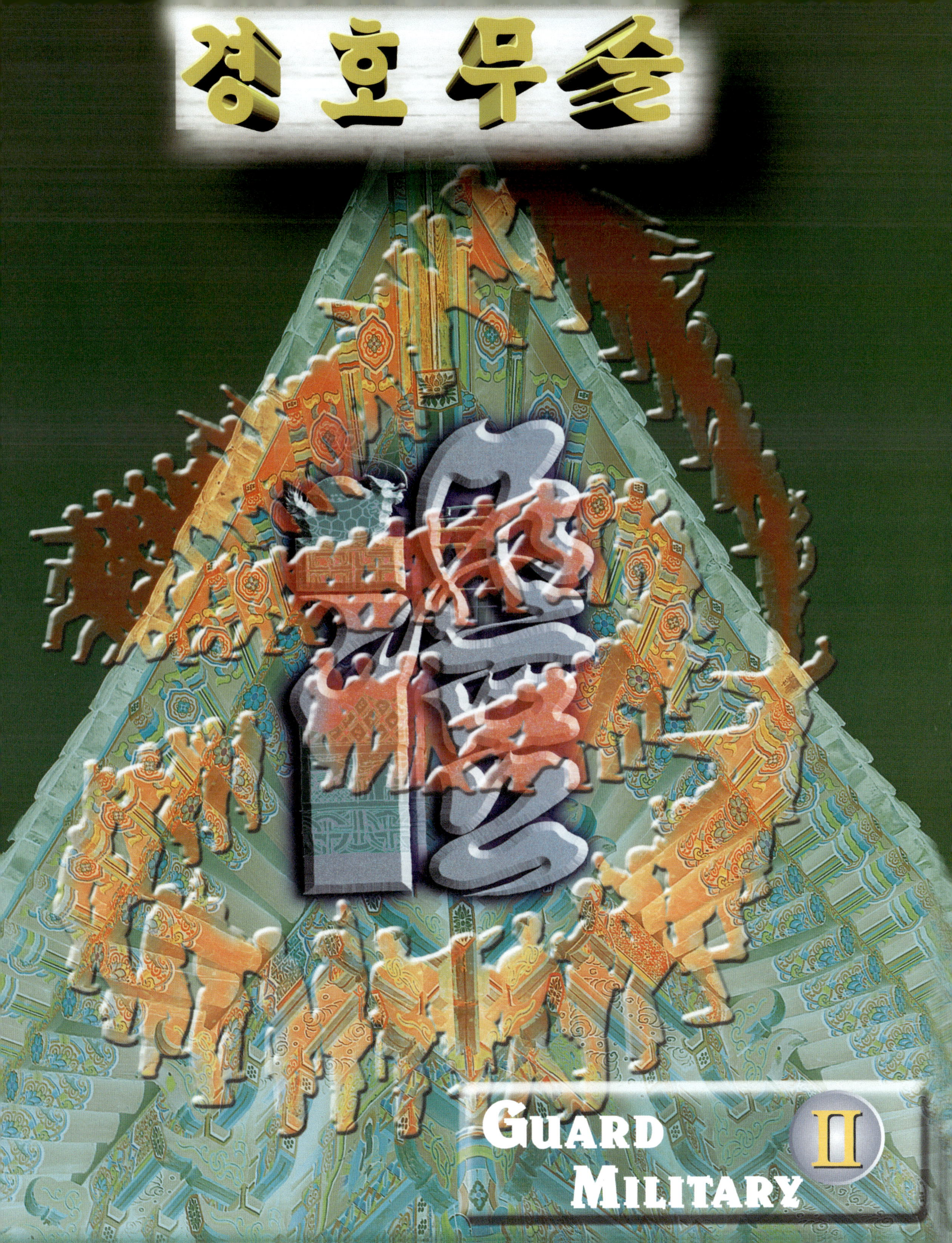

경호무술
GUARD
MILITARY
II

GUARD MILITARY

警
護
武
術

警
護
武
術

警
護
武
術

警
護
武
術

警
護
武
術

警
護
武
術

警
護
武
術

警
護
武
術

1. 경호무술 창시 배경과 연구

경호무술을 연구하게 된 배경은 본인이 1986년 708특공대(경호부대) 군 복무 중일 때이다. 당시 우리나라 최초로 열렸던 국제적인 행사(86서울아시안게임)에 경호임무를 부여받아 경호작전에 투입될 군, 장병에 대한 경호교육훈련 프로그램을 준비하던 중에 경호직무에 필요한 매뉴얼을 연구개발하게 된 것이 경호무술을 창시하는 계기가 되었다.

당시 우리 군에서는 전술훈련, 유격훈련, 공수훈련, 충정훈련, 대테러진압훈련 등은 매뉴얼화된 프로그램은 있었지만 체계적인 경호훈련 프로그램매뉴얼은 없었으며. 특히, 경호직무에 적합한 호위호신 무술은 개발되어 있지 않았다. 군에서 도입한 당시 무예로는 태권도, 특공무술이 보급되어 있었으나 품세와 발차기 기술위주의 태권도와 야삽술, 총검술, 단검술과 같은 기술위주의 특공무술은 경호직무 수행에 적합하지 않다고 판단되어 경호직무환경에 적합한 새로운 경호기법과 호위호신무술을 창시자 본인이 독자적으로 연구하는 계기가 되었다. 이후 88서울올림픽 경호작전임무를 또다시 맡게 되면서 본격적으로 심도 있는 연구개발을 하게 되었다(본인은 경호학에 대한 학문적 이론을 최초로 정립한 경호실무 원저자이기도 함. 1994년 저술).

당시 무예연구를 위해 우리전통무예에 관한 문헌을 포함한 국내외 각종무술책 등을 참고했으며, 대통령경호실 연무관을 방문하기도 했었다. 그러나 기술개발을 위한 참고문헌은 매우 부족했으며. 대통령경호실 연무관마저도 태권도 유도 등을 경호원 교육교과목으로 채택해 수련할 뿐이라 특별히 참고할 만한 것이 없었다.

경호무술개발을 위해서는 경호직무환경을 충분히 고려하여 연구하고, 호위적 관점에서 기술을 체계화해야 하기 때문에 경호실무에서 요구되는 지식과 기술을 신체운동의 원리와 등속직선운동의 원리(물체에 힘이 작용하면 물체는 운동 방향이나 속력이 변하는 운동을 하게 됨) 등을 결합할 수 있도록 과학적으로 연구해야 한다. 특히 경호환경은 일격필살의 기술도 요하지만, 적을 일시적으로 신체 및 기선을 제압하여 역습을 차단하는 기술과 공격하는 기술이 적이나 제3자에게 노출되지 않도록 하는 기법이 더 요구되기 때문에, 이 같은 점을 고려하여 가능한 기술을 단순화하고 공격기술 또한 고의성이 노출되지 않도록 착안했다. 그리고 고대로부터 전해 내려오는 경혈(급소)에 대한 공격기법과 신체의 타격이 극대화될 수 있도록 다양한(치기, 차기, 꺾기, 찌르기, 긋기, 잡기, 조르기, 비틀기, 밀치기, 당기기, 던지기) 기술을 착안하고 다음으로 기술 간 결합해 응용할 수 있도록 연구했으며, 무기술을 새롭게 배우지 않아도 맨손기술을 무기술로 전환할 수 있도록 체계화해 짧은 기간의 수련으로도 많은 기술과 응용력을 극대화할 수 있도록 했다.

이외로도 적의 칼, 검, 곤, 총, 폭발물과 같은 무기 공격수단에 따라 대응할 수 있는 무기술을 포함해 다양한 급조무기술이 실전에서 자유롭게 사용되도록 창안했다. 이 같은 체계는 다양한 무예 수련단계를 줄여주는 효과로 인해 수련자가 배우고 익히기에 쉽도록 하는 효과도 있다. 그리고 적의 기습공격유형과 다수의 집단적 동시공격유형에 대비해 유효적절하게 대응할 수 있도록 방향전환과 위치이동에 자유롭고 빠르게 하기

위하여 불필요한 동작을 줄이고 에너지 소모를 최소화될 수 있도록 전환선법체계를 만들었다. 전환선법은 안정된 평형감각을 익히고 전후좌우를 직선, 사선, 곡선으로 짧고 길게 신축성 있게 움직일 수 있도록 체계화했으며, 이를 통해 신법, 두법, 권법, 수법, 족법, 무법을 자유롭게 공방기술로 구현하도록 했다. 즉, 위해기도 자들의 다양한 공격 유형에 신속 정확하게 대응할 수 있도록 착안했다고 할 수 있다. 수련단계 또한 기본 기술을 배우고 그다음으로 기술 간 연결해 혼용하는 방법을 배우고 마지막으로 수준을 높여 응용하는 방법을 배우도록 해 과학적으로 훈련되도록 하였다. 끝으로 수련자가 경호무술을 배우고 익히는데 어렵지 않도록 용법에 맞는 용어를 알기 쉽게 정리하였다. 이처럼 경호무술은 기술의 체계화와 정형화를 완벽하게 구현해 만든 최고의 무예라고 단언한다.

2. 경호무술 태동과 무예발전

무예는 책으로 전해지고 발전되어 내려왔다

　무예는 싸움기술로서 상대를 제압하고 적을 살상하기 위한 기술로 발전해 왔다고 할 수 있다. 문헌 속에 담긴 기록에 의하면 무예는 국가적인 차원에서 관리할 정도로 매우 중요시했던 것으로 보인다. 특히 난세에 무예에 대한 중요성을 재인식하고 무예 책을 국가가 직접 편찬해 왔음을 알 수 있다. 우리 민족 무예문헌으로 발견된 무예제보는 임진왜란 직후인 선조 1598년에 편찬된 것이고, 무예제보번역속집은 12년 후인 1610년 광해군 2년에 편찬된 것으로 보아 임진왜란 직후 무예진흥의 중요성이 강조되면서 수년간 집중적으로 연구한 것을 알 수 있으며, 무예도보통지 편찬시점도 정조 14년 때인 1790년 간행된 것으로 군신 간 대립이 극도로 고조되었던 난세의 시기였다.

　이 같은 사례는 가까운 중국도 예외는 아니었던 것으로 보인다. 중국의 대표적인 고대 무예서인 무비지를 편찬한 시기도 명나라의 내우외환으로 시대적 암흑기와 같았다. 무비지를 저술한 모원의는 후금 전권에 저항해 싸웠던 인물이다. 특히 여진족과 후금에 대한 적대감이 컸고 이들과 대립하며 무예진흥정책에 심혈을 기울였던 것으로 보인다.

　최근 근대사에서도 이와 유사한 점을 발견할 수 있는데 가까운 일본이 제2차 세계대전 전후에 유도, 공수도, 합기도와 같은 책을 집중적으로 출간하였으며, 우리나라에서도 6·25사변 전쟁 직후인 1959년 최홍희 현역장군에 의하여 태권도 책이 출간되었던 점 또한 전쟁과 무관하지 않다.

　본인이 저술한 경호무술 또한 사회질서가 문란하고 국제환경 또한 새로운 테러리즘에 의하여 개인의 신변위험이 크게 증가하면서 시대적 필요요구에 의하여 태동하는 배경이 되었다고 할 수 있다. 아울러 이런 관점에서 경호무술을 책으로 집대성하여 표준교범을 출간한 것이다.

무예연구는 국가가 주도(살생술 집중 연구)

　이처럼 무예는 시대를 초월하여 권력유지와 국력을 유지하기 위한 수단적 가치로 널리 인식되었고 이로 인해 난세, 전쟁, 치안이라는 공통된 위험에 의하여 무예는 그 대안으로 자연스럽게 연구되었다는 사실이다. 아울러 이 같은 시기에 무예기법을 집중적으로 연구하면서 적을 효과적으로 제압하고 살상시킬 수 있는 기법을 연구하기 위하여 무예연구 전담기구들을 두었음을 알 수 있다. 이 같은 단서는 무예도보통지 기록에도 있다. 무예도보통지 편찬을 정조대왕의 명에 의하여 집필했다는 기록으로 봐서 국가가 전담 기구를 두고 주도적으로 연구케 했음을 알 수 있다.

　이 같은 기구에 의한 무예연구는 맨손무예부터 창, 칼, 검, 곤과 같은 다양한 무기무예의 수련법까지 연구하고 더 낳아가 적을 효과적으로 살상할 수 있는 기법 개발을 위하여 살상력 효과를 보다 극대화하기 위하여 오늘날 화력전, 생화학전, 대테러전 등에 대비해 연구하듯이 당시에도 전문 연구기관을 두고 근접 육박격투전이 비중 있게 치러지던 전쟁의 특성상 이를 체계적으로 연구에 몰두했던 것으로 보인다. 특히 오늘날까지도 전해 내려오는 신체급소인 혈을 연구하기도 했던 것으로 보인다. 그리고 이 같은

연구를 위해 전쟁에서 포로로 잡혀온 적장이나 병사들을 대상으로 다양한 공격기법을 적용해 신체반응과 의식반응 호흡반응 등을 집중적으로 연구했을 것으로 추정된다.

　그리고 지금까지 전해지고 있는 무예기법에서 사람을 치는 데는 반드시 그 혈로써 하는데, 훈혈(暈血)·아혈(啞血)·사혈(死血)이 있다. 그 혈을 가려서 가볍게 또는 무겁게 치면, 혹 죽기도 하고, 혹은 혼수상태에 빠지기도 하고, 혹은 언어장애인이 되기도 하는데, 털끝만큼도 차이가 없다는 기록이 있는 것으로 보아 신체 실험에 의한 것이 분명한 것으로 보이며, 당시의 연구들이 상당한 경지의 기법들로 연구되어 체계화되었던 것으로 보인다.

　그리고 이같이 개발된 기법은 소수 핵심인물을 중심으로 공유되고 일반인들에게는 전승되지 않았던 것으로 보이고, 이 같은 비술은 왕을 호위하는 호위무사들에게 전승되어 오지 않았을까 하는 생각을 해 봤다. 또한 나라마다 이 같은 연구결과물을 비밀에 부치고 비급술로 전해졌으리라는 것이 본인의 연구결과다.

21세기 무예는 다가치에 의하여 발전

　오늘날 현대사회에서는 무예가 전쟁뿐 아니라 범죄 및 테러의 증가 원인으로 개인의 호신적 기능으로 그 역할을 하고 있고 이외에도 국민의 체육 증진과 교육 증진에 이바지하고 있다.

　최근에는 다양한 무예대회로 인한 스포츠와 오락 등으로 참여하고 즐기는 새로운 문화로 발전되고 있으며, 더 나아가 무예문화적 예술로 점프와 같은 무예공연으로까지 발전하고 있다. 이처럼 21세기 무예는 다가치에 의하여 다양한 영역으로 더욱 발전하리라 예상한다. 이처럼 대중적으로 수련층이 남녀노소로 확대되면서 보고 즐기고 참여하는 문화로서 새로운 무예문화로서 우리 생활 깊숙이 뿌리내리고 있다. 이 같은 변화는 이미 시작되었다고 할 수 있으며, 단순한 문화를 벗어나 이제는 무예산업으로 볼만큼 그 영역이 이미 전문화되어 있고 시장이 팽배해져 있다.

　이처럼 무예가 다양한 계층과 사회에 기여하면서 그 기능과 역할이 확대될 것으로 보이며, 앞으로 경호무술이 무예산업을 주도해 나아갈 것으로 본인은 믿어 의심치 않는다. 옛날부터 전해 내려오는 말 중에 무예를 배우지 않는 사람은 자신의 몸을 귀하게 하지 않는 것과 같다는 말이 있다. 무예는 선택이 아닌 필수로서 우리 생활 속에 깊이 스며들고 있으며, 이로 인해 무예는 앞으로도 변함없이 계속 발전해 나아갈 것으로 보인다.

3. 경호무술은 우리 민족의 대표적인 전통무예다

전통무예 복원과 재현

경호무술은 역사적으로 조선시대에 궁중의 군왕과 궁성의 경호를 맡아보던 호위청(扈衛廳)(인조원년 1623년~고종 1894년)의 무예를 현대적 사회 여건과 무기 등 변화된 환경 등을 고려해 경호실무를 기초로 창시자 본인에 의하여 연구개발된 것이며, 전통무예정신을 기초로 체계화하였기 때문에 경호무술은 전통무예의 맥을 계속 발전시킨 것이라 하겠다.

우리나라에서도 많은 무예인이 전통무예를 복원하려고 심혈을 기울여 노력하고 있으나 기술체계에 관한 원형이 거의 남아 있지 않아 복원하기 어려운 상황이다. 따라서 그동안 연구개발된 대부분의 전통무예들은 복원무예라고 하기보다는 재현무예에 가깝다고 할 수 있다. 현재 복원했다고 하는 24반무예를 제외하고 18기, 6기 검법, 본국검, 마상무예 등은 80~90% 이상이 엄밀하게 말하면 유추해 재현한 것으로 복원무예라고 말하기에는 무리가 있다. 그나마 무예도보통지와 같은 실증적인 문헌이 존재하고 있어 재현에 근거가 될 수 있어 다행스러운 일이다.

그러나 그 외 복원무예라고 하는 무예 중 조선세법은 중국 명나라 때 모원의 라는 사람이 <무비지>라는 책에 조선세법(조선에서 배운 검법이라는 뜻)을 소개한 문헌을 근거로 우리의 전통무예를 복원했다고 주장하는 무예도 있다. 국명(國名)으로 사용했던 '조선'이라는 단 두 글자와 도면을 근거해 복원했다고 하는 무예를 과연 복원무예라고 할 수 있을까? 특히 조선세는 무예도보통지 24기 중 1기에 불과하고 무비지 24세 기본자세만으로 복원한다는 것 자체가 불가능하다고 보인다. 그리고 조선세법은 사실상 무예도보통지에 수록된 내용으로 새로울 것이 없다고 생각한다.

고 문헌에서 찾은 1,200년 된 경호무술 발굴

이같이 문헌적인 관점에서 경호무술을 바라본다면 경호무술이야말로 우리 전통무예 중에 가장 역사가 깊고 명확한 전통무예로서 대표할 수 있다고 본다. 물론 무예에 관한 사료가 부족하다 보니 성과가 노력보다 그다지 크지 않았지만 우리 민족 전통무예 경호무술이 있었다고 추정할 만한 문헌을 찾기는 그리 어렵지 않았다. 그러나 안타깝게도 1,300년 전부터 조선 말기까지 호위청에서 비술로 전승되어 오던 경호무술이 일본군에 의하여 단절되었다는 사실을 확인하게 되었다. 다시 말해 문헌을 통해 우리나라도 고유한 경호무술이 있었다는 사실을 알 수 있었다.

그리고 우리나라 경호무술의 역사는 문헌적 근거만으로 본다면. 신라 진덕 5년부터 조선 고종 31년까지 1,200년의 긴 세월 동안 이어온 무예임을 알 수 있다. 왕과 세자 그리고 왕성을 호위하기 위하여 설치되었던 기구들이 우리 역사기록에 고스란히 남아 이를 입증하고 있기 때문이며, 결정적인 단서로는 무예도보통지 저술에 참여했던 백동수 등은 왕의 호위를 담당하던 호위청(장용영)의 호위무사들이었다는 사실이 이를 뒷받침하고 있는 것이다.

고대 신라시대부터 고려시대 조선시대에 이르기까지 왕을 호위하기 위한 전담 기관을 두고 있었음을 문헌을 통해 확인할 수 있었으며. 그 기원과 기관은 신라 진덕 5년(651년)에 설치된 시위부[侍衛府], 고려 명종 9년(1179년)에 설치된 서방[書房], 고종 14년(1227년)에 설치된 도방[都房], 조선 태종 7년(1407년)에 설치된 내금위[內禁衛], 태종 18년(1418년)에 설치된 익위사[翊衛司], 인조(仁祖)원년(1623)에 설치된 호위청(扈衛廳), 정조 1년(1777년)에 설치된 숙위소[宿衛所], 고종 31년(1894) 호위청(扈衛廳) 등이 존재했음을 알 수 있다.

그러나 그 명맥이 하나로 이어졌다고 보기 어렵더라도 인조원년에 설치되어 고종 31년까지 유지되었던 호위청을 기준으로 보더라도 300년의 긴 역사를 유지한 것은 매우 놀라지 않을 수 없다.

일본군에 의하여 사라진 경호무술

조선시대 인조(仁祖)원년(1623)에 군왕과 궁성을 경호하기 위하여 호위4청을 두었고. 이후 현종(顯宗) 때에 호위 3청으로 개편한 후 정조(正祖) 2년(1778)에 호위1청으로 또다시 개편되었다가 고종 31년(1894)에 일본군이 경복궁을 점령하면서 호위청이 강재로 폐지되었다(갑신정변 이후 고종의 갑오개혁에 의한 군제개편으로 호위청이 폐지됨. 신식군대 도입의 일환이라고는 하지만 실상은 일본군 강압에 의하여 고종의 호위친위부대를 해체해 마지막 남은 조선의 왕권을 찬탈한 것이며. 이때 호위무술도 사라지게 됨). 이처럼 호위청에 관한 문헌은 조선왕조실록(인조실록, 정조실록, 고종실록)에 기록되어 전해 내려오고 있으나, 아쉽게도 지금으로서는 호위청에서 수련했던 경호무술원형을 확인할 수 있는 문헌이 발견되지 않았다. 그러나 다행스럽게도 훈련도감이었던 최기남이 편찬한 무예제보 번역속집 권법과 호위무사였던 백동수 등이 편찬한 무예도보통지 권법에 일부 단서가 남아 있어 귀중한 자료가 되고 있다. 그리고 100여 년 전에 일본군에 의하여 호위청이 강제 폐지될 때까지 300년간 이어온 점을 고려할 때 그 역사가 매우 깊은 만큼 매우 뛰어나고 훌륭한 경호무술 기술체계를 유지해 전승됐으리라는 추측이 가능하다.

이같이 고종 31년까지 300여 년간 우리전통무예문화로서 찬란하게 이어져 내려왔을 경호무술에 새 생명을 불어넣어 우리전통무예로서 후대에 훌륭한 문화유산으로 전해지기를 바라는 마음 간절하다. 일본군에 의하여 강제로 사장되어 100여 년간 역사 속에 묻혀 있던 호위무술이 21세기에 찬란하게 경호무술로 부활하기를 기대한다.

4. 무예고서에서 찾은 호위청의 경호무술

무예도보통지는 호위무사가 연구

경호무술연구에 전통적인 맨손무술인 권술, 권법, 공수라고 불리는 무예와 특히 조선 정조대왕 때 발간된 무예도보통지 권법은 본인이 경호무술을 연구하는 데 많은 도움이 되었다. 무예도보통지 편찬에 참여했던 인물 중 백동수 등은 정조대왕을 최측근에서 호위하던 호위청의 호위무사들이었고 이들이 남긴 문헌 속에서 경호무술의 단서를 유추할 수 있었다.

기효신서편에 나오는 권법해를 보면 권법은 수족을 활동시키고, 지체를 단련하니, 이것은 초보자들이 무예에 입문하는 길이다. 그리고 각종 무기술은 권법으로 몸을 움직임에서부터 유례하지 않는 경우가 없으매, 권법이란 것은 무예의 근원이다. 이렇게 기록되어 있다. 본래 무예는 권법, 즉 맨손무예를 제대로 익혀야 곧, 창, 칼, 검과 같은 무기술을 연마하는 데 어려움이 없다고 했다. 권법은 모든 무예수련에 있어서 그 기본이 된다고 강조됐으며, 이 같은 맨손무술은 적의 기습공격에 흔하게 벌어질 수 있는 경호 환경에서는 더욱 중요시된다고 할 수 있다.

오늘날 전통적인 무예를 연구하기 위해서는 고 문헌을 참고해 연구해야 하는데, 대부분 무예 관련 문헌은 조선실록으로 무예에 대한 발언록이 대부분이고 고 군사서에 나오는 유사자료 또한 군 전략 전술과 같은 내용으로 수록되어 무예원형에 대한 연구에는 큰 도움이 되지 못하는 것이 사실이다. 이렇듯 무예를 참고할 만한 고 문헌이 그리 많지 않은 상황에서 조선 광해군 때에 발간된 무예제보번역속집과 조선 정조 때에 발간된 무예도보통지만이 유일한 무예참고서라고 할 수 있다. 물론 역사적으로도 국내 유일본으로 사료적 가치로 볼 때 매우 중요한 가치를 지녔다고 할 수 있다. 그리고 무예서적에 나오는 여러 무예기법 중에서도 특히 권법을 참고해 연구하면서 새로운 사실을 알게 되었고 기술 및 기술체계에 대한 기술정립의도를 유추할 수가 있었다.

무예도보통지가 현재 남아 있는 무예교재로서는 최고 수준의 것만큼은 사실인 것으로 보인다. 그러나 본인이 연구해본 바로는 최고수준의 무예는 아니라는 결론을 얻었다. 물론 오늘날의 무예 수준과 비교한다면 더욱 그렇다고 할 수 있다. 그렇다면 왜 낮은 수준의 권법을 무예도보통지에 기술해 놓았을까? 궁금하지 않을 수 없다.

그동안 다른 무예인들의 연구는 무예도보통지 무예를 복원하려는 데 문헌에 있는 원형기록이 부족하고 도해가 정지된 장면이어서 연결동작을 알 수 없고 해설 내용 또한 예측하기 어렵다 보니 복원에 한계를 느껴 현란하고 화려한 동작 위주로 재현하려고 노력한 흔적들이 많이 나타난다. 이 같은 특징은 검술 등에서 두드러지게 나타나는 것으로 보인다. 그러나 본인은 우선 다른 무예인들과는 달리 무예도보통지 속에 호위적 관점에서 우리의 전통적인 경호무술이 어디에 그 단서가 남아 있지 않을까 하는 생각으로 무예제보번역속집과 무예도보통지에 기술된 권법에 주목하게 되었다.

특히 정조 대왕 어명에 의하여 무예도보통지 저술에 참여한 인물들이 정조를 최측근에서 호위하던 호위무사들로 구성된 점을 들어 당시의 경호무술 단서를 찾을 수 있을 것이란 생각을 하게 되었다. 아울러 달라진 현대적 경호환경에서 필요한 경호 기법과 무예의 원리라도 경호무술은 그 기본 원리는 같지 않았을까 하는 호기심도 작용했다. 물론 경호환경이 아니더라도 권법은 변화된 시대적 환경에서도 여전히 맨손무술의 필요성이 강조되기 때문이다. 과거와는 달리 고전적인 칼, 검 무기체계 와는 달리 현대화된 다양한 총기류와 폭발물 등으로 새로운 경호기법이 요구되기는 하지만 상대적으로 다른 위협수단 및 수준에 따라 맨손무술이 필요한 환경도 여전히 존재하기 때문이다. 그리고 무예자세와 체계는 물론 교육훈련을 염두에 두고 당시에 설정된 수련체계 및 수준설정은 어떻게 구성했는가 하는 관점에서 접근하려고 노력 했다. 교육훈련이란 가르치고 배우는 관계가 설정되고 그 대상의 수준과 훈련의 목표를 설정했으리라는 추정을 했고, 이 같은 문제는 오늘날에도 꼭 필요한 설정이기 때문이다. 무예의 비술이나 비법을 확인하기 위해 연구를 시작했지만 무예문헌을 보면서 교육훈련 체계와 원리 교육훈련의 목표설정 등에 더 관심을 두었다고 할 수 있다.

무예도보통지 권법

무예도보통지를 저술한 이들은 당대 최고의 무예전문가라고 할 수 있는 이덕무 (李德懋) 박제가(朴齊家), 백동수(白東修) 등이었다. 다른 군사서적들이 전략·전술 등 이론을 위주로 한 것임에 비해 이 책은 무예동작 하나하나를 그림과 글로 해설한 실전 훈련서라는 특징을 지닌다. 그러나 동 권법에 대한 기술체계에 대한 원형을 모두 이해하기에 매우 어렵다고 할 수 있다. 무예동작 그림에 해설이 붙어 있기는 하지만 동작이 연결되어 있지 않고 해설 또한 대부분 특정자세에 대한 고유 명칭이 존재하고 있는데 정지된 기초자세로서 다른 동작으로 이어지는 자세를 이해할 수 없기 때문이다. 무예도보통지 권법에 등장하는 34개의 자세명칭(탐마세(探馬勢), 요란주세(拗鸞肘勢), 현각허이세(懸脚虛餌勢), 순란주세(順鸞肘勢), 칠성권세(七星拳 勢), 고사평세(高四平勢), 도삽세(倒揷勢), 일삽보세(一霎步勢), 요단편세(拗單鞭勢), 복호세(伏虎勢), 하삽세(下揷勢), 당두포세(當頭砲勢), 기고세(旗鼓勢), 중사평세(中四 平勢), 도기룡세(倒騎龍勢), 매복세(埋伏勢), 오화전신세(五花纏身勢), 안시측신세(雁翅 側身勢), 과호세(跨虎勢), 구유세(丘劉勢), 금나세(擒拿勢), 포가세(抛架勢), 접주세 (拈肘勢), 나찰의출문가자변하세(懶扎衣出門架子變下勢), 삽보세(霎步勢), 단편세 (單鞭勢), 금계독립세(金雞獨立勢), 지당세(指當勢), 개정법(箇丁法), 수두세(獸頭勢), 신권(神拳), 일조편세(一條鞭勢), 작지용하반퇴법(雀地龍下盤腿法) 조양수편신세(朝 陽手偏身勢))이 존재하지만 지금으로서는 대부분 명확하게 해석할 수도 없다.

다만 무예제보와 중국의 무비지 및 기호신서에 나오는 도면 그림과 해설을 참조해 유추할 수 있는데 명칭과 자세가 약간씩 변형되어 확신할 수 없다. 다만 특징적인 것은 무비지에서 권법을 소개하기를 권법은 32세로 구성되어 있고 세마다 이어져서 변화가 무궁하여 미묘함이 헤아릴 수 없으니 깊도다. 어느 경지에 오르지 못하면 아무리 궁리해도 알지 못함으로 신(神)이라 부른다고 소개되어 있다. 무예도보통지 권법은 중국의 무비지권법세를 거의 그대로 도입하면서도 무비지 권법과는 달리 병사들 교육훈련에 필요한 표준형을 제시한 것으로 보인다. 그러나 권법이 지금의 태권도처럼 길게 이어진 품세와 달리 간결하게 구성되었고 간결하게 구분된 권법동

작을 다른 권법동작과 연결되도록 구성해 배우고 또 익히기 쉽고 실전에 응용이 쉽게 체계화된 것으로 보인다.

무예제보번역속집 권법편에 보면 자세명칭이 42개 기본자세가 나오지만, 무예도보통지에는 34개의 기본자세만 나온다. 그리고 무예제보 권세총도를 보면 무예도보통지의 간결한 권법과는 달리 지금의 품세처럼 길게 이어진 권법형으로 이루어져 있다. 그리고 중국의 문헌들을 살펴보면 발차기 수련법만 해도 18가지나 되었다고 기록되어 있으나 무예도보통지 권법에서는 발차기를 거의 볼 수가 없다. 역시 현재나 과거나 발차기는 여전히 고난위 기술이었던 것으로 보인다.

권법을 간결하게 구성한 이유

중국 고서 영파부지(寧波府志)에 이르기를, "소림법(少林法)은 사람을 치고 솟구치며 뛰며 분기하여 뛰어넘는 것을 위주로 하는데, 혹 잃어버리고 소홀히 되었다. 때문에 가끔 사람들이 꾀하는 바가 되었다.
송계법(松溪法)은 적을 방어하는 것을 위주로 하며 곤액(困厄)을 당하지 않으면 술법을 발휘하지 않는다. 발휘하면 마땅히 반드시 쓰러뜨리는바 가히 꾀할 틈을 없게 한다. 사람을 치는 데는 반드시 그 혈로써 하는데, 훈혈(暈血)·아혈(啞血)·사혈(死血)이 있다. 그 혈을 가려서 가볍게 또는 무겁게 치면, 혹 죽기도 하고, 혹은 혼수상태에 빠지기도 하고, 혹은 언어장애인이 되기도 하는데, 털끝만큼도 차이가 없다. 더욱이 신비한 것은 경(敬)·긴(緊)·경(徑)·근(勤)·절(切)의 다섯 자 비결은 입실(入室) 제자가 아니면 서로 전수하지 않으니, 대개 이 다섯 자는 일반적으로 쓰지 않고, 그 쓰임을 신비하게 하는 바 오히려 병가의 인(仁)·신(信)·지(智)·용(勇)·엄(嚴)과 같다고 할 것이다."라고 쓰여 있다. 당대 조선최고의 무예전문가라고 할 수 있는 이덕무(李德懋) 박제가(朴齊家) 백동수(白東修) 등이 이를 모를 리 없었다고 본다. 이들은 정조대왕의 어명에 의하여 왕명에 의하여 움직일 수 있는 호위청, 이후 정조대왕의 장용영친위군대를 확대 개편했다.

정조는 자라면서 아버지인 사도세자가 뒤주 속에 갇혀 죽는 광경을 목도해야 했고 이후 자신이 권좌에 오르고도 실권을 장악하고 있던 노론에 의하여 자신이 갖고 있던 정책을 마음대로 펼칠 수도 없었으며, 즉위 이후 연달아 일어난 세 번의 암살기도 등에 의하여 신변위협을 크게 느낀 정조대왕은 자신을 호위하던 호위청, 숙위소, 장용위, 장용영 등으로 새로운 금위체제에 따라 조직, 개편하여 노론의 사병이나 다름없었던 기존 5군영에 대항할 수 있는 왕의 친위부대인 장용영을 확대해 왕권 강화를 시도했다.

당시 호위청은 300여 명 내외로 최소한의 호위무사로 구성된 부대로서 노론이 군대의 전권을 장악한 5군영에 대항하기에는 턱없이 부족할 수밖에 없었다. 그래서 단순히 왕을 호위하는 호위부대를 뛰어넘어 왕권을 강화할 수 있는 군대를 육성해 노론이 장악한 5군영에 대항할 수 있는 친위부대를 목표로 했던 것으로 보인다. 이 같은 임무를 장용영장교 백동수에게 주어졌고, 병사들에게 효율적으로 훈련할 수 있는 수준의 권법을 체계화하는 과정에서 200여 년간 이어져 내려온 호위청의 비술[祕術]인 경호무술이 기초가 되었다고 보인다. 그러나 이들에게 모두 익히게 하는 데에는 여러 어려움이 있었을 것으로 보인다. 특히 중국에서 전해 내려왔다는 경(敬)·긴(緊)·경(徑)·근(勤)·절(切)의 다섯 자 비결은 입실(入室) 제자가 아니면 서로 전수하지 않은 것처럼 이에 버금가는 조선의 호위청의 비술[祕術]은 국가 기밀사항으로 보안 취급되어 일반노출은 꺼렸을 것으로 보이며, 또한 일반병사들에게 호위청의 비술을 가르친다고 해도 고난도의 수련을 위해서는 장시간의 수련기간과 타고난 신체조건 등이 전제되어야 체득 가능한 매우 어려운 고난도 무예였을 것으로 보인다. 아울러 수련과정 또한 누구나 가르친다고 체득하거나 배울 수도 없었을 것이다.

따라서 시간도 많지 않을뿐더러 고난도의 비술을 체득할 만한 타고난 신체조건(운동신경)의 병사들을 확보하기에도 어려움이 컸을 것으로 보이며, 특히 노론의 사병에 맞설 수 있는 정예 병력을 짧은 시간 안에 양성하기 위해서는 습득하기 쉬운 낮은 수준의 기술체계 수련단계로서 실전력 있는 제압기술 위주로 체계화와 정형화에 힘썼을 것으로 추정된다. 이 같은 사실은 그림과 해설용어 등으로 짐작할 수가 있다.

무예도보통지의 권법에서는 명나라 중엽에 소림권법처럼 솟구치며 뛰며 분기하여 뛰어넘는 동작을 찾아볼 수가 없다. 그리고 무예제보번역속집에 나오는 복잡하고 힘든 자세로 이루어진 권법형도 없으며, 중국문헌에 나오는 18가지 발차기도 거의 발견할 수가 없다. 무예도보통지에 기술된 그림과 해설내용을 참고해 볼 때 짧은 시간으로도 습득할 수 있고 타고난 신체기능(운동신경)이 없어도 충분히 체득할 수 있도록 보통의 낮은 수준의 기술체계가 무예도보통지 권법의 특징이라고 할 수 있다. 그림에 등장하는 시현인물을 보면 체격이 우람한 것을 알 수 있다. 그리고 배가 나오고 많은 동작에서 손동작이 대부분으로 구성되어 있다 이것은 중국의 내권기술 중 상대의 급소공격 위주로 권법체계를 갖춘 것으로 보이고 그림에 등장하는 발차기는 족장밀어차기자세로 발차기 중 가장 손쉬운 동작이면서도 가장 유용한 발차기이다. 직선으로 다가오는 적의공격으로부터 허리 몸통 높이로 발을 낮게 들어 올려 뻗어차는 동작으로 방어에 쉬운 발차기이면서 적을 창이나 칼, 검 등의 무기로 찌른 후 무기를 신속하게 뺄 때 사용될 수 있는 가장 효과적인 발차기인 셈이다.

그리고 권법동작이 간결해 일격필살로 적을 단번에 제압하고 이에 실패했을 때에는 다른 권법자세를 이어 혼용해 공격하게 한 점은 매우 실용성이 뛰어난 권법이다. 동 권법은 일반병사들을 교육훈련하기에 적절한 체계로서 그 어떤 무예나 권법보다도 과학적으로 연구된 매우 훌륭한 군 권법이라고 말할 수 있다. 만약 이와 같은 권법이 아닌 소림권법과 같이 현란한 권법체계를 그대로 도입되었거나 오늘날의 태권도처럼 복잡한 품세체계와 고난도의 발차기를 갖추고 있었다면 실용적인 군사무예가 되지 못했을 것으로 보인다. 호위청의 호위무사들만이 수련했을 것으로 보이는 비술[祕術]인 경호무술을 병사들에게 가르치려 했다면. 더더욱 문제가 되었을 것으로 보인다.

호위청 경호무술의 단서?

무예도보통지에 기술된 권법은 호위청의 호위무사들이 아니었다면 일반 병사들이 배우고 가르치고 익히기 쉬운 권법체계를 연구하지 못했을 것으로 생각한다. 이 같은 결과는 당시 200년간 지속하여온 호위청의 비술[祕術]인 경호무술이 전해 내려왔기 때문으로 보인다.

　무예도보통지를 연구해 경호무술에 적용한 부분은 권법동작의 간결성과 혼용성 부분으로 어떻게 보면 잊혀진 경호무술의 단서를 무예도보통지 권법을 단서로 유추해 역해석할 수 있었다고 본다. 호위청에서 수련했을 비술[祕術]인 경호무술이 호위무사였던 백동수 등에 의하여 무예도보통지에 그 단서를 남겼고 본인에 의하여 발견되어 경호무술을 완성하는 데 큰 도움이 되었다고 할 수 있다.

　무예도보통지에 기록된 권법 동작의 간결성과 혼용성을 단서로 맨손동작에 칼, 검, 곤무기의 혼용과 응용으로 경호무술에 적용해 체계화했다. 물론 무예도보통지 권법과는 달리 소림권법처럼 솟구치며 뛰며 분기하여 뛰어넘는 고난도 동작 등도 조선 특유의 독창적인 체계로 호위청의 호위무사들에게 비술[祕術]로 수련되고 전승됐다고 보이며, 이 같은 고난도의 기술도 유추해 적용했다. 무예도보통지 권법체계는 기초기술로서 비술[祕術]의 단서라고 생각한다. 이를 뒷받침할 수 있는 것이 1610년 광해군 2년에 훈련도감 최기남에 의하여 편찬된 무예제보번역속집에 더 확실하게 나타난다. 무예제보번역속집은 중국의 기효신서의 권보50과 새보전서의 송태조 권법 32를 보충하여 새롭게 권보 42로 체계화한 것은 조선 특유의 무예로 발전되어 있었음을 알 수 있다. 이 같은 단서로 기술체계를 재현해 변화된 현대적 환경에 맞도록 새롭게 창안하여 이미 없어지고 잊혀진 우리 민족 전통무예를 계승발전시키고 조선시대에 존재해 왔던 호위청의 호위무사들이 익혔을 비술[祕術]을 100여 년이 지난 지금 호위청의 경호무술을 유추 재현해 오늘날의 현대적 창시 경호무술을 완성하게 되었다.

5. 경호무술 창시 20년사

1986   4.   708특공대(경호부대) 군 복무 중 86서울아시안게임과 88서울올림픽게임 경호작전임무
          계기로 창시자장명진선생에 의하여 독자적으로 경호무술연구 시작

1992   2.16   경호무술작명(경호직무수행에 필요한 지식과 기술)교안 완성
      2.16   국제경호협회 설립(고유번호 : 204-82-69117)
      3.21   국제경호아카데미 설립(사업등록번호 : 216-95-04418 현유지)
      5.20   국제경호협회 경호무술 인증기관 지정(지부인증 지정)
      8.20   중랑경찰서 신내파출서 형사 및 경찰 경호, 경호무술 사용자제 요청

1993   4.18   학원설치운영에 관한 법률에 경호교육(경호무술)을 포함하는 개정안 교육부에 건의
      12. 1   교육부 대학행정지원과 경호교육(경호무술교과) 자문 지원
      12. 4   경호실무 연구 보완

1994   4.15   국제경호시스템(경호전문회사-주식회사 탐경 법인전환)설립
      4.20   국제경호협회 중랑지부 설립(지부장 변만균)
      9.29   국제경호협회 서울특별시 사회단체 신고(신고번호 : 제504호)
      10.10   서울지방경찰청 수사과 창시자 연행 대통령경호실법 관명사칭위반
            (제5조 경호시: 경호관을 경호원이라 칭한다)조사
      10.24   경호무술세미나 1회 개최(무술체육관 관장, 사범대상 24명)
      11. 4   출판사 등록(등록번호 : 제18-49호. 국제경호출판사)
      11.15   경호실무(경호무술 교과 포함)출판(등록 : 제18-49호, 저작권등록번호 : 제C-2005-000737호)
      11.17   경호호신법을 경호운전술법,경호사격술법,경호무술로 재 정립
      11.18   실무자 경호무술교수법 연수 개최(국제경호협회본부장, 예비지부장대상)
      11.20   국제경호아카데미 경호원중급, 고급 양성과정 경호무술 인증

1995   2.18   국제경호협회 노원지부 설립(지부장 강영재)
      2.25   1995년 상반기 경호무술지도자 교육수료(12명)
      2.26   국제경호협회 강원본부 설립(본부장 이승일)
      3. 7   무술협회, 체육대학에 경호실무책 400여 권 증정
      4. 1   국제경호협회 마포지부 설립(지부장 장용진)
      4. 4   국제경호협회 충주지부 설립(지부장 이근학)
      4.15   월간신동아 5월호 경호무술 기사게재
      4.29   국제경호협회 동해지부 설립(지부장 김동준)
      5.17   전국치안봉사활동 사업시행(200명 참가)

경호무술

5.20 국제경호협회 용인지부 설립(지부장 박장기)

6. 1 국제경호협회 장흥지부 설립(지부장 박대순)

7.24 국제경호협회 인천지부 설립(지부장 안창영)

7.29 국제경호협회 강릉지부 설립(지부장 함동천)

9. 2 국제경호협회 횡성지부 설립(지부장 신대선)

9.30 교육부 대학 행정지원과 경호 및 경호무술학과 설립인가 자문지원

10.12 학원폭력예방운동 봉사 참여(학원폭력예방재단)

11. 4 청원경찰 보수교육 강사지원 사업시행(6명)

12. 5 학교폭력퇴치법 경호무술 시범 스포츠서울 7일자 신문기사 게재

1996 1.15 국제경호아카데미 주최 학교폭력추방 호신술대회(4일간)-월드태권도기사게재

2.14 백혈병어린이돕기 헌혈운동 참여(헌혈증서 250장 적십자사 기증)

2.20 국제경호협회 아산지부 설립(지부장 차민철)

3. 4 경호무술세미나 2회 개최(국제경호협회본부장, 지부장대상)

3.20 국제경호협회 구리지부 설립(지부장 김광기)

4.15 국제경호협회 강남본부 설립(본부장 석기영)

4.16 여성경호원 경호무술시범-월간 연합 5월호 기사게재

4.20 학원폭력상담실 사업운영 시행(콜센터 전국 23개 지부 참여)

6.17 주식회사 탐경 법인설립(국제경호시스템을 법인으로 전환 및 사명 변경)

6.24 서울경찰청 경호서비스 제73호 허가 최초

7. 8 국제경호협회 업무표장 등록(출원번호 제94-000055호)

7.22 국제경호협회 부산남구지부 설립(지부장 김창남)

8. 9 경호무술세미나(8.9~8.17 일본 고송싼타빌)무술신문 26일자 보도게재

9. 4 학원폭력 예방을 위한 경호무술지도(한국학원폭력예방운동재단)

9. 6 국제경호협회 전주지부 설립(지부장 봉필환)

9.15 경찰청 경호무술 지도(경찰청 직원, 청원경찰 등)

9.15 쌍용그룹 경호원 경호무술지도(마포구 쌍용연수원)

9.23 국제경호협회 인터넷 홈페이지 경호무술교실 개설(동 산업계 최초 ibga,co,kr)

10. 2 한국 특급호텔 안전관리실장협의회 교류 협정(12개 호텔)

11. 5 경호실무(경호무술) 개정 출판(등록 : 제10-1307호)

11.23 국제경호협회 강북본부 설립(본부장 손상철)

12.10 대학교 및 무술협회, 정부관계기관에 경호실무책 400여 권 기증

1997 1.15 국제경호협회 서비스표등록(출원번호 제94-008342호)

3. 6 충청대학교, 서일대학교육원, 한서대학교 교육원(경호학과) 등 경호무술 인증기관
     지정

4.23 KBS아카데미 경호원 양성과정 경호무술 인증기관 지정

6.20 경호원교육훈련 경호무술시범-범죄예방신문 기사게재

7. 1 국제경호아카데미 경호원 초급(3급) 양성과정 경호무술 인증

8.20   서울지방경찰청 수사과 창시자연행 대통령경호실법 위반 종로경찰서 수감 무혐의처리
        (위반 내용 관명사칭 죄 대통령경호실법 제5조 경호사 경호관을 경호원이라 칭한다.)

9.18   중화인민공화국 연길시공안국 보안전문대학 교육훈련 교류협정

11.14 경호학과 및 체육학과 경호실무책 500여 권 기증

1998 3. 1 비영리 경호무술단체발족(가칭 장명진경호무술)

3.13 경호무술아카데미(현, 장명진경호무술지도자연수원) 개설

4. 1 국제경호협회 경호자격제도(경호원, 경호사) 교과 및 자격검정시 경호무술을 전공무술 규정

4. 7 매일경제 Hello Job 취업정보 및 교육훈련 교류협정

6.26 자격증박람회 참가(테크노마트)

9.18 사단법인 한국직능단체총연합회 가입(직능경제인지원에관한법률 법정법인 경제단체)

10.18 경호무술-주간조선 11.5 일자 주간지 기사게재

11.20 대한민국인명록 장명진 창시자 등재(경호무술 창시자 소개-각종 포털사이트 인물검색 제공)

12.15 경호학과 및 체육학과, 무술협회, 경찰, 교도대, 군부대 경호실무책 400여 권 기증

1999 3.20 경호실무(경호무술) 개정 출판(등록 : 제10-1307호)

7.16 종근당 경호원 위탁 경호무술지도(국제경호아카데미)

7.20 경호무술 자격평가제도 신설

7.20 경호무술 승단규정제도 신설

8. 4 아르헨티나 국제시큐리티 세계본부 교류협력 협정

9. 7 국제직업기술교육박람회 참가(무역센터)

12. 3 (주)탐경 경비업법에의거 경비원신임교육위탁기관지정 경호무술교과 인증지정

2000 3. 2 경호무술단증 발급 시작(자격평가제도 실시)

4. 6 장명진창시자 청와대 초청 방문(김대중 대통령 접견)

5.10 경호무술지도자 자격 발급시작(자격평가제도 실시)

7.12 선문대학교 국제경호무도학부 학생 경호무술 위탁교육실시(장명진경호무술원)

10.01 국제경호협회 경호직무전공학과 대상 인증교육기관지정제도 시행을 위한 경호무술 교과 승인협약
        (2009년 현재 전국 41개 대학 경호직무전공학과에 경호무술 전공교과 인정 승인-승단&지도자자격)

12. 3 경찰, 군부대, 경호학과 등 경호실무책 500권 기증

2001 1. 9 경호원 경호무술 시범단 시범-유행통신 2001. 2월호 보도게재

4. 3 전국 30개 대학(교)(경호학과)에 경호실무 책 100권 기증

경호무술 7
실전편

5.17 전국 6개 대학교 사회교육원(경호학과)경호실무 책 20권 기증

6.20 경호실무(경호무술) 개정 출판(ISBN : 89-8337-096-3)

7.14 선문대학교 국제경호무도학부 경호무술교과 채택(국제경호협회 인증교육기관 지정)

7.14 경북전문대학 경찰경호행정과 경호무술교과 채택(국제경호협회 인증교육기관 지정)

9.14 서남대학교 경호학과 경호무술교과 채택(국제경호협회 인증교육기관 지정)

9.20 경북외국어테크노대학 경호레포츠계열 경호무술교과 채택(국제경호협회 인증교육기관 지정)

10.06 인터넷 사이버강의 경호무술 유료 교육서비스 제공(ibga.co.kr)

10.23 서라벌대학 경호레프츠과 경호무술교과 채택(국제경호협회 인증교육기관 지정)

10.23 대구미래대학 경찰행정과 경호무술교과 채택(국제경호협회 인증교육기관 지정)

10.23 대구과학대학 경호과 경호무술교과 채택(국제경호협회 인증교육기관 지정)

10.26 부산정보대학 안전관리과 경호무술교과 채택(국제경호협회 인증교육기관 지정)

12.11 서해대학 경찰경호행정과 경호무술교과 채택(국제경호협회 인증교육기관 지정)

2002 1. 2 경호원이 수련하는 경호무술 시범 - 에꼴 월간지 1월호 기사게재

2. 1 초당대학교 경호비서학과 경호무술교과 채택(국제경호협회 인증교육기관 지정)

3.18 경북과학대학 경호경비경영학 경호무술교과 채택(국제경호협회 인증교육기관 지정)

4. 3 서해대학 경호무술 유단자 특례입학 산학협약 체결(본 사무국)

4. 6 2002한일월드컵 코리아서포터즈 공식후원단체 지정

4.15 국가정보원 직원 대상으로 경호무술 시범(경호무술원)

5.16 진주대학 사회체육경호안전과 경호무술교과 채택(국제경호협회 인증교육기관 지정)

6.26 성덕대학 경찰경호행정과 경호무술교과 채택(국제경호협회 인증교육기관 지정)

7.12 국제경호협회 정기학술세미나 참가 (서울리베라호텔 제우스홀)

7.12 제1회 경호무술세미나(리베라호텔) 개최(전국 경호, 경찰전공 교수 및 무예원로)

7.23 경동정보대학 경호과 경호무술 채택(국제경호협회 인증교육기관 지정)

8.23 영동대학교 경찰경호무도학과 경호무술 채택(국제경호협회 인증교육기관 지정)

8.31 제주관광대학 산학협약 체결(본 사무국)

9. 6 한세대학교 경찰행정학과 경호무술 채택(국제경호협회 인증교육기관 지정)

9. 6 제주관광대학 관광스포츠계열 경호무술 채택(국제경호협회 인증교육기관 지정)

10. 1 제5회 충주세계무술축제 경호무술 홍보 참가

10.10 아시아나항공 경호무술 책 기증

10.16 장명진경호무술 인터넷 홈페이지 회원 온라인 경호무술교실 개설

11.18 혜천대학 산학협약 체결(본 사무국)

11.28 혜천대학 경찰경호과 경호무술 채택(국제경호협회 인증교육기관 지정)

12.31 경호무술창시자 장명진회장님 공적 대통령표창 수상

2003 1. 7 대구미래대학 경찰행정과 경호무술 채택(국제경호협회 인증교육기관 지정)

2.15 경호실무(경호무술개정) 개정 출판(ISBN : 89-8337-096-3)

3. 7 관악구청 청소년대상 경호무술세미나 개최

4.30 동강대학 법률경찰경호계열 경호무술 채택(국제경호협회 인증교육기관 지정)

5. 3 경호무술세미나 개최(무술지도자 8명)

       6.25 6・25전쟁기념식 용산전쟁기념관 경호무술 시범

7.14 SBS위기탈출 수호천사 경호무술편 특별출연 방영(시범단 시범 및 지도)

8. 5 경호무술창시자 경호무술시범-세계일보 기사게재

8.10 경호무술 단행본 출판(ISBN : 89-954410-0-3, 저작권등록번호 : 제C-2005-000737-2호)

8.12 경호학과, 체육학과, 경찰, 경호경비회사 경호무술책, 경호실무책 400권 기증

8.30 제2회 국제경호협회 정기학술세미나(학술진흥재단 학술기관코드 : 8B2497) 경호무술 주제발
       표(서울리베라호텔 15층 피어니스홀)

9.11 ITV 충전100 건강을 잡아라! 경호무술 편 특별출연 방영(시범단 시범 및 지도)

9.18 부산방송국 직업의 세계 특별출연 경호무술 소개

9.21 경문대학 경호무술 인증기관 지정(단증 발급)

9.22 상반기, 하반기 2회 경호무술세미나 개최(무술관장 및 경호학과 교수대상)

9.24 삼성그룹 경호팀 경호무술 교육 (용인 금호연수원 1주일 집체교육 200명)

10. 1 취업교육 및 자격증 정보박람회 참가(코엑스)

10. 6 한・미 친선 사절단 미국 파견(한미동맹 50주년 참가)

10. 6 국립민속박물관 전통무예현황조사 경호무술 장명진 창시자 등재

10.11 통합 웹데이터베이스 NHN 업무협정(포털전문자료 경호무술공개제공)

11. 3 성화대학 비서경호과 경호무술 채택(국제경호협회 인증교육기관 지정)

12.30 대경대학 경찰행정부 경호무술 채택(국제경호협회 인증교육기관 지정)

2004 2. 7 경호실무(경호무술) 개정 출판(ISBN : 89-85272-95-0)

5.20 군장대학 경찰경호과 경호무술 채택(국제경호협회 인증교육기관 지정)

5.27 동의공업대학 경찰경호과 경호무술 채택(국제경호협회 인증교육기관 지정)

6.25 전북과학대학 경찰경호행정과 경호무술 채택(국제경호협회 인증교육기관 지정)

8.14 경호자격규정집(경호무술검정) 출판(ISBN : 89-954410-2-X, 저작권등록번호 : 제C-2005-000739호)

8.25 진주국제대학교 경찰복지행정학부 경호무술 채택(국제경호협회 인증교육기관 지정)

8.28 제3회 국제경호협회 정기학술세미나(학술기관코드 : 8B2497) 경호무술 2편 주제발표
       (프리마호텔 2층 에메랄드홀)

8.23 진주국제대학교 산학협약 체결

10. 1 제7회 충주세계무술축제 경호무술홍보 참가

10. 5 경호무술 2004 개정판(1704p) 출판(ISBN : 89-954410-1-1, 저작권등록번호 : 제C-2005-000738-2호)

10. 5 청주전국체전 경호무술홍보 참가

10.27 대전엑스포 세계태권도대회 경호무술홍보 참가

11. 5 전통무예세미나 '한국무예의 역사성과 인접학문' 참가(국립민속박물관 대강당)

11.24 전국대학교 대학도서관, 경호관련학과 및 교수 경호무술책 800여 권 증정

12. 6 육군 특수전사령부 경호무술책 증정(교육실장) 및 경호무술 채택 협의

12.17 경북과학대학 산학협약 체결

2005 1. 3 동부산대학 경호과 경호무술 채택(국제경호협회 인증교육기관 지정)

1.13 대통령경호실 경호무술 책 증정

2.11 KBS 세상의 아침 경호무술 시범단 시범 방영

2.17 두산동아백과사전 경호무술창시자 장명진, 정의, 기원, 어원등재

4.19 경동대학교 경호경찰학부 경호무술 채택(국제경호협회 인증교육기관 지정)

4.25 MBC 네 꿈을 펼쳐라 경호원양성과정 경호무술 교육훈련 지도 및 방영(5회 5주)

4.25 경호원자격검정 문제집(경호무술출제) 출판(ISBN : 89-954410-4-6, 저작권등록번호 : 제IC-2006-003544호)

8.15 경호직무능력표준(경호무술표준안) 출판(ISBN : 89-954410-6-2, 저작권등록번호 : 제IC-2006-003543호)

8.27 제4회 국제경호협회 정기학술세미나(리베라호텔 15층 피어니스홀) 경호무술주제발표

9.20 창신대학 경찰행정과 경호무술 채택(국제경호협회 인증교육기관 지정)

9.30 신성대학 경호무술전공 경호무술 채택(국제경호협회 인증교육기관 지정)

10. 1 제8회 충주세계무술축제 홍보 참가

10. 7 MBC 내 친구들의 세상 제402회 경호무술편 방영(경호무술 어린이 시범단 시범)

10.25 경일대학교 경찰경호학부 경호무술 채택(국제경호협회 인증교육기관 지정)

11.21 전국 도서관 및 청소년 문화시설 경호무술 책 500여 권 증정

11.24 EBS 직업탐구(경호원)자문 및 자료제공

11.27 KBS추적60분 자료제공 및 인터뷰

12. 1 대구산업정보대학 경찰행정과 경호무술 채택(국제경호협회 인증교육기관 지정)

12. 3 전국 경찰행정학생연합회 무술대회 후원

12. 3 국무총리실 국가재난관리본부 창시자 장명진회장님 자문위원 위촉

12. 7 대구산업정보대학 산학협약 체결

2006 2. 1 파스칼세계대백과사전 경호무술 및 창시자 장명진, 정의, 기원, 어원 등재

3.13 초당대학교 창시자 초청 경호무술 강의

4. 1 서강전문학교 경찰경호과 경호무술교과 채택(국제경호협회 인증교육기관 지정)

4.12 브리태니커백과사전 창시자 저술 경호무술 인용 경호무술 등재

4.27 우석대학교 경찰행정학과 경호무술 채택(국제경호협회 인증교육기관 지정)

5.17 대구미래대학 경호무술 교육

5.26 안동과학대학 경호경찰과 경호무술 채택(국제경호협회 인증교육기관 지정)

6. 2 (주)내일신문-대학내일 직업연구(경호원) 기사자료자문 및 자료 제공

7.13 전문직업탐구/소개(경호원)-수원지역 청소년문화의집

8.19 제5회 국제경호협회 정기학술세미나 (프리마호텔 10층 스카이홀)

8. 9 전문직업탐구/소개(경호원)-안성지역 고등학교

9. 1 서라벌대학 경찰복지행정과 경호무술교과 채택(국제경호협회 인증교육기관 지정)

11. 1 경호무술창시자 언론사 소개 및 시범-동아일보 월간신동아 기사게제

11. 2 대학특강-경호산업의 전망과 비젼특강/초당대학교

11. 7 국제방송 아리랑TV 경호원 직업소개 자문 및 자료제공, 인터뷰 협조

  　　　-한국고용직업분류 경호원 조사 원고 제공(한국산업인력공단)

  　　　-한국고용직업분류 경호원(분류코드 : 4440-2)재정 전문 등재

  　　　-한국표준직업분류 경호원 분류코드 포함하여 개정

11.13 문경대학 경찰경호무도과 경호무술 채택(국제경호협회 인증교육기관 지정)

11.24 한국고용정보원 경호원 조사(직업사전, 전망) 원고 제공(등재)

2007 1. 1 주요포털사이트제공(다음백과, 네이버백과, 야후백과, 엠파스백과, 네이트백과,
  　　　파란백과, 싸이월드백과 등) 백과사전에 경호무술 및 창시자 장명진 선생, 정의,
  　　　기원, 어원, 특징 등재

  2. 6 국군기무사령부 868분견대 경호무술 책 기증 및 지도

  2.12 국군정보사령부 경호무술 책 180권 기증 및 지도

  2.27 경호무술창시자 장명진회장님 경호무술 공적 국무총리표창 수상

  3.22 경호전문가(경호원)직무체계 시안 개발 참여

 10.10 제10회 충주세계무술축제 홍보 참가

 11.23 노동부 직업정보-직업탐색(워크넷) 경호원인터뷰 원고제공

 11.27 국방부지원(국방취업센타)직무체계 시안 개발-공통능력 자격제도 4개 종목 개발

 12. 2 경호자격규정집 연구출판 신설자격제도(23종) 경호무술 교과 및 검정체계 개발 참여

2008 1.14 무술협회 경호무술 책 300권 기증

  3.12 한국고용정보원 직업전망 경호원 조사사업 원고 제공

  4.28 위키 백과사전 경호무술 및 창시자 장명진, 정의, 기원, 어원, 특징 등재

  5.13 육군수도방위사령부 경호무술시범 참관 교류-프라임경제 2008.5.13 보도

  5.28 위키인물백과사전 장명진 창시자 소개(경호무술창시자소개-각종 포털사이트 인물백과 제공)

  6.14 국무총리실 경호팀 경호무술 책 기증

  6.23 현대그룹 경호팀 경호무술 교육(현대화재 본사 11층 대강당, 50명)

  7.10 한국무예포럼 가입

  7.21 위키 낱말사전 경호무술 낱말(정의, 어원), 로마자, 예일, 라이샤워 표기 등재

  7.28 국제경호협회 자격기본법에의거 경호자격제도 국무총리실 산하 직업능력개발원 공식 등
  　　　록(경호무술 검정체계)

  8. 4 제1회 한국무예포럼 토론 참여(경호무술 책 50권 무료증정) 국회 헌정회관

8.11　사단법인 한국경호무술진흥회로 명칭 변경 및 비영리사단법인으로 전환

8.11　서울특별시 사단법인 설립허가(허가번호 : 제200812호)

8.20　이시종국회의원 주최 무예올림픽추진세미나 참여(국회의원회관-경호무술책 100권 무료증정)

8.29　무인 및 학계전문가 경호무술 책 500여 권 무료증정

9. 4　제2회 한국무예포럼 토론참가(경호무술책 50권 무료증정) 송파구민 회관

9.20　진흥회 경호무술창시자에게 있는 경호무술 권리를 공식적으로 위임받음(약정계약서-등부 제1546호)

10. 2　제11회 충주세계무술축제 경호무술 홍보참가(충주시)

10. 4　2008 충주세계무술축제 학술세미나 참가(경호무술책 50권 증정) 충주시청 대강당

10.25　제3회 한국무예포럼 창시자 경호무술주제발표(경호무술책 50권 증정) 송파구민회관

11. 2　2008전국경호무술세미나 4회 개최(전국지원장, 무술지도자 대상)

11.11　브라질 해외대표부 승인(브라질 대표부장 NUNES LUIZ CEZAR)

11.11　아르헨티나 해외대표부 승인(아르헨티나 대표부장 TAJES FRANCISCO OSCAR)
　　　　아르헨티나 북부지부 승인(북부지부장 HEEINZ JORGE ANIBAL)

11.13　러시아국영방송국 경호무술창시자 다큐멘터리제작 취재협조(러시아 전역에 방영)

11.16　문화체육관광부 초청 간담회참가 무예진흥법 시행안 토의(문광부 소회의실)

11.27　국방부초청 간담회 참가(경호무술지도자 양성 및 경호무술원 창업) 전쟁기념관

11.28　문화체육관광부 초청 간담회참가 무예진흥법 시행안 토의(문광부 대회의실)

12. 1　소년소녀 가장 경호무술무료교육 캠페인(전국지원 참여)

12. 1　영남이공대학 경찰경호행정과 경호무술 채택(국제경호협회 인증교육기관 지정)

12. 2　2008년 전국경호무술세미나 개최 중랑우체국 대강당(40명)

12. 4　전국 93개 인증교육기관 및 해외 2개국 국내 및 국제조직화 확대

12.18　초당대학교 산학협약 체결(진흥회 사무국)

12.30　공익성 지정기부금단체(기획재정부공고 제2008-157호)지정-(한국경호무술진흥회)

2009　1. 3　2009년 상반기 경호무술지도자 과정 연수교육실시(2009.1.3~2009.5.30)

　　　　2.15　SBS 좋은아침플러스원 방송프로 경호무술 편 창시자 및 시범단 시범 방영

　　　　3.20　MBC 스포츠매거진 스포츠팡팡 경호무술 편 창시자 지도 및 시범단 시범 방영

　　　　4.29　국방부 전역(예정)간부 취업박람회(서울컨벤션) 참가 경호무술창업소개

　　　　5. 4　2009년 국방부주최 취업박람회(서울컨벤션) 참가 경호무술창업소개

　　　　5.23　2009년 상반기 경호무술지도자 과정 연수교육 수료(18명)

　　　　6.15　태권도진흥재단 경호무술자료 태권도공원 전시용 기증(31종 110개)

　　　　7. 1　전통무예원류적통자 모임 결성(진흥회 사무소)

　　　　7. 3　육군57기동대대 창시자 초청 경호무술 강의(시범 및 지도)

　　　　7. 5　인천광역시 청소년직업체험센터 경호무술 강의(시범 및 지도)

　　　　7.18　2009년 하반기 경호무술지도자 과정 연수교육 실시(2009.7.18~2009.12.5)

　　　　8. 1　전통무예단체조직정비방안 세미나 참가(토론 및 경호무술책 50권 무료증정)

8. 3 육군57보병사단 사단장으로 부터 감사패
8. 6 경호무술자격제도 자격기본법에 의거 국무총리실 산하 직업능력개발원 등록 제2009-0171호
     (자격등록내용 : 경호무술 승단 자격 1단~9단 / 경호무술지도자 자격 1급, 2급, 3급)
8.28 이시종 국회의원 초청 전통무예원류적통자 간담회(외백)
10.20 전통무예원류적통자 정부현황조사팀 초청 간담회 참가(서울대학교)
11.10 우정사업본부 사보 경호무술 기사 게재(전국 15,000지점 배부)
11.11 네이버(naver.com) 경호무술 키워드 바로가기 한국경호무술진흥회 등록
11.21 전통무예단체조직정비방안 공청회 참가(슈페이러 본회의실)
11.25 네이트(nate.com) 경호무술 키워드 바로가기 한국경호무술진흥회 등록
11.27 2009 하반기 경호무술지도자 자격검정 시험시행
11.30 정부수탁연구용역(무예단체실태조사) 공청회 참가(올림픽파크텔)
12. 2 국방부 초청 간담회 참석(전쟁기념관)
12. 5 2009 하반기 경호무술지도자 과정 연수교육 수료(7명)
12. 7 전통무예원류적통자 국회 전통무예진흥법 개정안 제안서 제출
12.11 노동부 고용지원센터 경호무술 기사 소개

2010 1. 5 세계일보 최선의 방어가 최선의 공격 "경호무술" 기사 전면게재
     2. 6 경호무술지도자 보수교육실시(중앙연수원)
     2. 9 문화체육관광부 전통무예진흥법 기본계획 수립안 건의
     3. 3 전통무예원류적통자 정부 전통무예진흥 기본계획 수립 현황과제 자문토의
          (정부담당, 정부용역 연구진-체육과학연구원)
     3. 6 경호무술지도자 보수교육실시(중앙연수원)
     3. 8 전통무예진흥법 일부개정법률(안) 제출건의(전통무예원류적통자 지정 및 지원)
     4. 3 지도자 보수교육실시(중앙연수원)
     4.21 전통무예원류적통자 국회 문화체육관광방송통신위원회 고흥길위원장 면담
     4.23 경호무술 시범공연(인터컨티넨털호텔 그랜드홀)
     4.28 국방부 전역간부 취업박람회 참가(서울무역센터)
     5. 1 지도자 보수교육실시(중앙연수원)
     5. 7 경호직무능력표준 시안 연구개발 경호무술 및 경호무술지도자 표준체계 개발 참여
     6. 5 경호무술지도자 보수교육실시(중앙연수원)
     6.28 국무총리실, 지식재산기본법 공청회 참가 대정부제안(사학연금회관)
     7. 3 경호무술지도자 보수교육실시(중앙연수원)
     7.18 경호무술지도자 직업체험 개최(중앙연수원)
     8. 7 경호무술지도자 보수교육실시(중앙연수원)
     9. 4 경호무술지도자 보수교육실시(중앙연수원)
     9. 7 전통무예원류적통자 명칭 위키 백과사전 등재

9.14 국회 문화체육관광방송통신위원회 정병국위원장 외 소속의원 12명 개정법안(전통
　　　무예원류적통자 지정제도 신설) 제정요청 방문

10. 2 경호무술지도자 보수교육실시(중앙연수원)

10. 4 한국산업교육원 경호무술 강의지원

10.12 전통무예원류적통자 무진법 기본계획 건의안 문화체육관광부 방문 제출

10.24 한국체육과학원 방문 무진법 담당 연구원 성문정박사 전통무예원류적통자 정책
　　　건의사항 전달

10.24 서울 송곡정보산업고등학교 대강당 20명 경호무술시범공연

10.29 국회 방문 한나라당 문화예술특위 정두언위원장 김수철 특보 무진법 전통무예원
　　　류적통자 지정 제 신설 개정법률안 국회통과 협조요청

11. 1 부산광역시 기장지회 승인(지회장 장웅진)

11. 6 경호무술지도자 보수교육실시(중앙연수원)

11.24 교육부, 고용노동부가 주최하고 고용정보원이 주관하는 취업진로박람회 참가 및
　　　경호무술시범공연(3일간)

12. 4 경호무술지도자 보수교육실시(중앙연수원)

12. 29 문화체육관광부 주최 전통무예진흥법 기본계획수립 토론회 참가(올림픽파크텔)

2011 1. 8 경호무술세미나 개최(전국지원장 대상 무진법 기본계획 설명회)

　　　1. 8 경호무술지도자 보수교육실시(중앙연수원)

　　　1.12 MBC 표준 FM(95.9MHz) "아이러브스포츠" 경호무술 소개

　　　1.15 경호실무 1권~3권(1167page) 출판(개정7권)-한국학술정보(주)

　　　2.12 경호무술지도자 보수교육실시(중앙연수원)

　　　3. 5 경호무술지도자 보수교육실시(중앙연수원)

　　　3.11 전통무예원류적통자 무진법개정안(전통무예원류적통자 지정제 신설) 국회통화
　　　　　요청서 전달(국회문화체육관광방송통신위원회 간사 김재윤 의원, 위원 전성호 의원)

　　　3.23 전통무예원류적통자 무진법 정부담당 실무자 미팅(정책건의서 전달-문화체육관
　　　　　광부 체육진흥과)

　　　4. 2 경호무술지도자 보수교육실시(중앙연수원)

　　　4.13 국방부 2011 전역(예정)간부 취업박람회 참가(서울무역센터)

　　　7.15 경호무술 1권~9권 출판(개정7권)-한국학술정보(주)

6. 창시자 연구 활동

저술

1986 4.16 경호무술, 경호실무 연구시작

1992 2.16 경호무술, 경호실무 교안 완성

1994 11.17 경호실무(경호학)저술(국제경호아카데미출판사, 328page)

1996 11. 5 경호실무 저술 개정2권(법연출판사, 493page)

1999 3.20 경호실무 저술 개정3권(법연출판사, 537page)

2001 2.20 경호실무 저술 개정4권(법연출판사, 625page)

2003 2.15 경호실무 저술 개정5권(법연출판사, 741page)

2003 9.13 경호무술(단행본)저술 (국제경호아카데미출판사, 505page)

2004 2. 7 경호실무 저술 개정6권(청호출판사, 749page)

2004 8.18 경호자격제도규정집 저술(국제경호아카데미출판사, 273page)

2004 10. 5 경호무술 저술 개정2권(국제경호아카데미출판사, 1704page)

2005 4.25 경호원자격검정 문제집 저술(국제경호아카데미출판사, 180page)

2005 8.26 경호직무능력표준 저술(국제경호아카데미출판사, 483page)

2011 1.15 경호실무 저술 개정7권(한국학술정보(주), 1권~3권, 1167page)

2011 7.15 경호무술 저술 개정3권(한국학술정보(주), 1권~9권, 2800page)

연구논문

1996 경호산업에 대한 실태 조사-동국대학교 행정대학원

1997 경호산업의 문제분석과 육성책-한국안전교육학회

2001 경비업법에 포함하는 민간경호원 자격증 도입활용 방안연구-국제경호협회학회

2003 경호직무분야의 전문화를 위한 자격제도와 그 방안에 따른 국제경호협회 경호 자격제도의 분석 및 국가공인 도입의 필요성-국제경호협회학회

2003 치안환경에서 요구되는 격기무술과 현대적 무술발달 과정의 생활 경호무술연구-국제경호협회학회

2004 경호자격 국가공인 및 관련내용에 대한 정부지원 국제경호협회 중심으로 연구-국제경호협회학회

2005 경호직무능력표준에 관한연구 및 활용방안-국제경호협회학회

2006 경호산업을 위한 정부지원정책 및 효과연구 경호자격제도를 중심으로-국제경호협회학회

2008 경호무술 전통무예진흥법에 의한 지정-한국무예포럼

2008 경호무술세미나집-한국경호무술진흥회

7. 창시자 설립단체 및 과정

1992 2.16 국제경호협회 설립
(경호원들의 친목 및 권익을 위한)

1992 3.21 국제경호아카데미 설립
(경호무술교육서비스, 경호교육서비스, 경호서비스를 위한)

1994 4.15 국제경호시스템 신설
(경호서비스만을 전문으로 하기 위하여 국제경호아카데미로부터 분사)

1996 6.27 주식회사 탐경
(국제경호시스템을 상호변경 및 법인전환-신변보호법률 제정에 의한 허가제도
시행에 따라)

1998 3. 1 장명진경호무술 신설
(비영리단체설립-자격검증 및 인증제도 시행을 위한)

1998 3.13 장명진경호무술원 신설
(국제경호아카데미 상표신설-경호무술프랜차이즈사업 시행을 준비)

2002 9.   시큐리티잡114 설립
(주식회사 탐경에서 온라인 사업부 분사)

2008 8. 11 사단법인 한국경호무술진흥회 설립
(장명진경호무술을 명칭변경과 법인전환-대외 위상 제고)

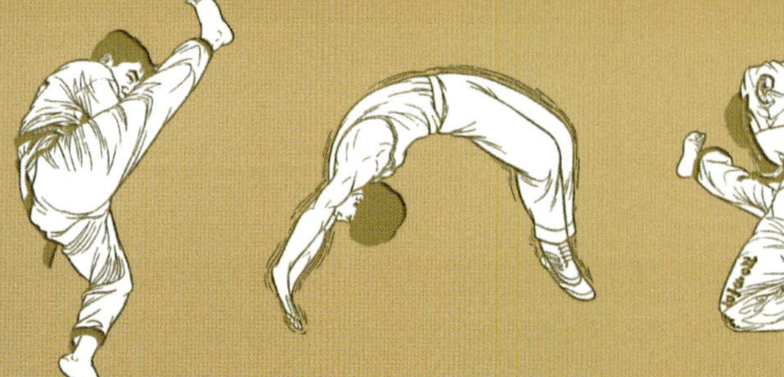

8. 창시자 유관기관 활동

1996	사단법인한국경비협회 신변보호분과	운영위원
1996	한서대학교 사회교육원 비서경호학과	강사(경호무술/경호실무)
1996	사단법인한국경호경비학회	운영위원
1996	중국연길시 공안국 보안전문대학	명예교수
1996	한국시큐리티산업경영학회	운영위원
1997	KBS아카데미	강사(경호무술/경호실무)
1997	서일대학교 사회교육원 경호학과	강사(경호무술/경호실무)
1997	사단법인한국경비학회	부회장
1997	사단법인철인3종경기본부	이사
1998	사단법인한국직능단체총연합회	상임부회장
1998	월간보디가드	편집위원
1999	한국안전교육학회	이사
1999	선문대학교 무도학과	외래교수(경호무술/경호실무)
1999	충청대학 태권도학과	강사(경호무술/경호실무)
2000	고려대학교 사범대학원(석사과정)	강사(경호무술)
2000	대구미래대학 경찰행정과	강사(경호무술/경호실무)
2001	제10기 민주평화통일자문위원회	자문위원
2002	UN평화지도자연합회	이사
2003	국립경찰대학 수사보안연수소	외래강사(경호무술/경호전략)
2008	경찰청수사연수원	강사(경호무술)
2004	한국협상학회	회원
2005	국무총리실 국가재난관리본부	자문위원
2006	초당대학교 경호비서학과	겸임교수(경호무술/경호실무)
2008	한국무예포럼	회원
2009	전통무예원류적통자모임	간사
2009	한국표준협회	자문위원
2010	한국산업교육원	강사

9. 경호무술과 창시자 백과사전 등재문

2005 2.17 두산대백과사전(엔사이버) 창시자와 경호무술 사전 등재

2005 4. 2 네이버 백과사전 창시자와 경호무술 사전 등재

2006 2. 1 파스칼 세계대백과사전 창시자와 경호무술 사전 등재

2006 2.12 야후 백과사전 창시자와 경호무술 사전 등재

2006 3. 3 파란 백과사전 창시자와 경호무술 사전 등재

2006 4.12 브리태니커 백과사전 경호무술 사전 등재(창시자 저술 경호무술책전문 인용)

2006 5. 6 다음 백과사전 창시자와 경호무술 사전 등재

2008 4.28 위키 백과사전 창시자와 경호무술 사전 등재

2008 5. 3 네이트 백과사전 창시자와 경호무술 사전 등재

2008 5.28 위키 인물백과사전 창시자 사전 등재

2008 7.21 위키 백과사전 낱말사전 경호무술 등재

2009 11.11 네이버, 네이트에서 한국경호무술진흥회 키워드 바로가기 등재

2010 9. 7 위키 백과사전 전통무예원류적통자명칭 사전 등재

10. 창시자 인터넷 홈페이지 구축

1996 6. 7 국제경호아카데미(홈페이지 http://www.ibga.co.kr)

1998 2.10 주식회사 탐경(홈페이지 http://www.tamkyung.co.kr)

2002 7.10 장명진경호무술원(홈페이지 http://www.jmjmoosul.co.kr)

2002 10. 1 시큐리티잡114(홈페이지 htpp://www.securityjob114.co.kr)

2008 8.30 사단법인 한국경호무술진흥회로 변경(홈페이지 http://www.jmjmoosul.co.kr)

※ 개설된 홈페이지 현 운영 중

호위호신술
실전편

호위호신술법

Ⅰ 호위호신술법 체계(體系)

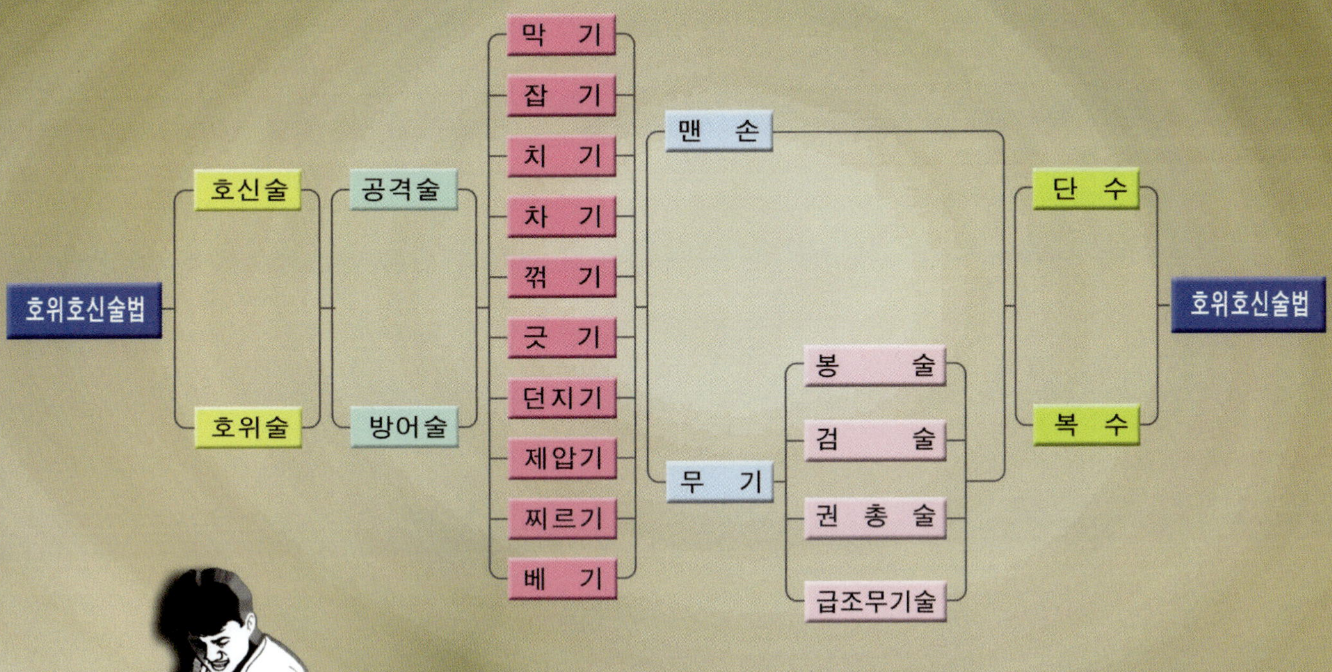

<< 호위호신술법의 종류 >>

1. 막기법
2. 치기법
3. 차기법
4. 잡기법
5. 꺾기법
6. 굿기법
7. 던지기법
8. 제압법
9. 제압해제술법
10. 무기제압방어술법
11. 급조무기제압방어술법
12. 호위술법
13. 호위해제술법
14. 응용호위호신술법

<< 호위호신술법 >>

공격자가 수족 및 무기등을 이용 경호대
상에 대하여 신체 및 생명을 위협하려는
순간 치기, 차기, 꺾기, 던지기, 굿기 또는
무기등을 이용 상대를 제압 무력화 시켜
자신을 포함하여 경호대상을 보호하는 호
위호신술 체계이다.

GUARD MILITARY

경호무술

호위호신술법 수련단계   TRAINING STEP

호신술기초기술자세
맨 손
잡 기
치 기
차 기
꺽 기
던지기
막 기
무기막기

무기공격법
봉공격
단봉
중봉
장봉
칼(검)공격
단검
중검
장검
총공격
탈취법
치 기
차 기

제 압 술
머리, 목제압
손팔제압
다리제압
몸통제압
혼용제압

호신술기본15수

수족공격시
잡혔을 때
일수로 잡혔을 때
양수로 잡혔을 때
안겨서 잡혔을 때
앉아서 잡혔을 때
누워서 잡혔을 때
엎어져서 잡혔을 때
업어치려 할 때

치려할 때
차려할 때

무기공격시	봉공격시
	검(칼)공격시
	총공격시

| 제압해제술 | 기초해제술 |
| | 수팔기초해제술 |

호위호신술	경호대상을 잡고 있을 때
	경호대상을 수팔로 처력할 때
	경호대상을 발로 차력할 때
	경호대상을 검(칼)로 공격할 때
	경호대상을 봉으로 공격할 때
	경호대상을 권,소(총)으로 공격할 때
	경호대상을 투적물로 공격할 때
	경호대상을 제압하고 있을 때

팀웤호위술	호위호신술	보행시
		회의시
		차량경호시

| 급조무기공격술 | 급조무기 |
| | 공격기술 |

III. 탈 출 해 제 법

경호무술

GUARD MILITARY

탈출해제법 설명 (예)

1. 끈박 해제술

■Explanation-1

뒤로 묶은 팔을 풀기 위해 사진과 같이
무릎을 구부려 앉은 다음 묶긴 끈을 최대
한 신전시킨 상태에서 엉덩이 측면으로
내려 뺀 다음 상체를 후방낙법하듯이 뒤
로 하여 발아래로 팔을 돌려 발을 뺀다.

2. 양팔·허리 제압해제술

Start

Explanation-2

팔을 대각으로 좌우로 뻗어 허리 중앙에 갖다 대어 하전방으로 힘껏 밀어 주어 상체를 뒤로 넘어뜨린다.이때, 무릎을 구부려 상체를 뒤로 기울게 하고, 체중을 실어 상대를 넘어뜨리도록 유도하는 기술이 매우 중요하다.

Explanation-3

좌우팔을 아래에서 위로 삼팔굽 자세를 취하여 죄우측 상대가 사지노가 같이 뒤로젖혀지게 하는 동시에, 팔을 좌우측 대각으로 뻗어 호위특기술 하방밀치기 자세로 쓰러트린다.

4. 양팔·허리 제압해제술
GUARD MILITARY
경호무술
B
C
D

Explanation-4

　사진과 같이 좌우손을 이용하여 상대의 허리중앙에 갖
다대어 하전방으로 내리는 동시에 상체를 앞으로 순간
전환하는 동시에 팔을 곧게 편 상태에서 앞으로 뛰어가
면서 자연스럽게 제압되었던 팔을 해제한다.

5. 양팔 · 허리 제압해제술2 (앞모습)

Explanation-5

양손을 이용해 좌우측에있는 상대방의 엉덩이 위에 있는허리부분을 수장으로 전하방으로 밀어 사진과 같이 상대방의 몸이 뒤로 젖혀지도록 하는 동시에 상체를 재빨리 앞으로 숙여 튕겨 나오듯이 이탈하면서 양팔을 뒤로 곧게 뻗은 상태에서 빼내 해제한다.

Start

GUARD MILITARY
경호무술
Start
B
B
C
C
Start

Explanation-6

양손을 좌우측에 있는 상대방의 허리 중앙에 갖다 대
어 하전방으로 순간 밀치는 동시에 오른팔을 먼저 빼고
이어 전환하여 사진과 같이 팔을 빼어 제압되었던 팔을
해제한다.

GUARD MILITARY
경호무술

Explanation-7

전환선법 반원바꿔앞전환 스텝을 이용
하여, 사진과 같이 자세를 취하는 동시에
앞으로 일보 내딛는 순간, 같은 쪽의 팔
을 사진과 같이 신속하게 빼며, 이어서
다른 팔을 빼 제압된 팔을 완전하게 해제
한다.

8. 좌우 · 팔굽창쳐 제압해제술

Explanation-8

양팔을 구부려, 팔굽장을 세우는
동시에, 좌우측 대각측하방으로 강하
게 눌러, 상대방의 옆구리(늑골)등에
순간, 충격을 가하여 제압되었던 팔
을 해제한다.

경호무술
GUARD MILITARY
9. 삼각 팔굽제껴 제압해제술
Start
Explanation-9
팔장으로 좌우측 상대방의 늑골을 강하게 가
격하는 동시에 하단제끼기로 좌우측 상대를
제낀다.

경호무술 7
실전편

GUARD MILITARY
경호무술
Start

경호무술 7
실전편

Explanation-11

체중을 실어 눌러 순간, 좌우측 상대를 밀
착되게 유도한 다음 역으로 풀어 일어나는 동
시에 양팔을 중단제끼기식으로 좌우로 뻗어
연결된 상대의 팔을 해제시킨다.

GUARD MILITARY
경호무술

Explanation-12

좌우측 팔을 전상방으로 뻗어 좌우족 상대의
목을 사진과 같이 감싸 잡은 다음 덤블링하듯이
하체를 들어 올려 넘는다.

경호무술 7
실전편

13. 좌우어깨잡고 손밟고 뛰어넘어가기
GUARD MILITARY
경호무술
Start

Explanation-13
연결된 손목을 밟고 올라가 넘어간다. 이때
손은 좌우측에 있는 상대방의 어깨를 짚어준다.

14. 좌우다리제껴 빠져나기기

Explanation-14

견고하게 연결된 팔을 피하여 다리사이
로 팔을 뻗어 벌리는 동시에 머리, 어깨,
몸통순으로 빠져나간다.

7. 경호무술 실전편

경호무술 7
실전편

경호무술
GUARD MILITARY
15. 좌우머리잡고 뒤로넘어가기
Explanation-15
양손을 이용해 좌우측 상대의 머리를 움켜잡아 힘차게 끌어 당기는 동시에 다리를 들어 덤블링 하듯이 넘어간다.
Start

경호무술
GUARD MILITARY
16. 좌우어깨잡고 허리어깨밟고 넘어가기
Start
Explanation-16
상대의 다리, 무릎뒷축을 순간 밟고 딛
고 올라 간 다음 곧바로 이어서 어깨를
밟고 넘어간다.

연결방어법 설명 예   E X A M P L E

1. 밀집연결 A형

2. 밀집연결 B형

IV. 연결방어법

3. 밀집연결 C형

4. 밀집연결 D형

5. 밀집연결 E형

6. 밀집연결 F형

육탄방어법 설명 예

1. 육탄방어 (1~3)

2. 육탄방어 (4~6)

경호무술 7
실전편

3. 육탄방어 (7~9)

경호무술 7
실전편

GUARD MILITARY
경호무술

Explanation-5

폭탄투척 또는 총격시 경호대상을 호위하기 위하여 육탄중첩호위자세를 취하는 기술로서 최초 한 경호원이 호위낙법을 취한 후 연속해서 다른 경호원들이 순차적으로 겹겹이 인벽을 쌓는다. 이때, 중요한 점은 최초 반드시 경호원이 호위낙법을 통해 신속하고 안전하게 착지하도록 호위낙법을 취해주고, 나머지 경호원들은 경호대상의 신체일부라도 외부에 노출되지 않도록 견고하게 인벽을 쌓도록 해야 한다. 그리고, 네명의 경호원이 거의 동시에 순차적으로 엎어지도록 팀웍을 잘 이루어야 한다. 이 자세는 상대의 공격방향을 알 수 없을 때 취한다.

Explanation-6
뒤에 있는 경호원이 호위측
방낙호법으로 착지한 다음 사
진과 같이 축자적으로 덮친다.

7. 전방중첩 호위낙법 (3)

Explanation-7

뒤에있는 경호원이 전방호위낙호
법으로 착지한 다음 다른 경호원들
이 사진과 같이 축자적으로 덮친다.

8. 육탄방어 후방중첩 호위낙법

Explanation-8

전방 총격공격이나 폭발물 투척 시 경호대상을 호위하기 위한 호위낙호법으로서 가능한 순차적으로 차례로 덮쳐 경호대상의 신체가 외부에 노출됨이 없도록 완전하게 감싼다. 후방호위낙호법은 공격방향이 확인된 상황에서 경호대상을 육탄방어와 동시에 공격하는 상대방을 곧바로 역습하기에 좋은 자세다.

(1) 경호대상을 잡고 있을 때
(2) 경호대상을 수팔로 치려할 때
(3) 경호대상을 발로 차려할 때
(4) 경호대상을 검(칼)로 공격할 때
(5) 경호대상을 봉으로 공격할 때
(6) 경호대상을 권,소(총)으로 공격할 때
(7) 경호대상을 투척물로 공격할 때
(8) 경호대상을 제압하고 있을 때

GUARD MILITARY

경호무술

VII
7. 경호무술 실전편
경호무술 7
실전편

1. 경호대상을 잡고 있을 때(1)

Explanation-1

　공격의 기회는 상대가 사진과 같이 흉기를 앞으로 뻗어 경호대상을 겨누지 않는 상황에서 공격의 기회를 잡는 것이 원칙이다.
　그리고, 꺾기와 같은 공격기술을 사용할 때에는 사진과 같이 경호대상 반대 방향으로 하여 경호대상이 안전할 수 있도록 한다.

VII
7. 경호무술 실전편
경호무술 7
실전편

Explanation-2

우선, 칼을 들고 있는 상대방의 손목을 사진과 같이 제압한 다음 오른발을 이용한 발끝찍어차기로 상대방의 목을 가격하여 제압한다. 이때, 중요한 점은 손을 이용해 꺾기 기술이 실시되는 순간 거의 동시에 발차기가 이루어져야 한다.

3. 경호대상을 잡고 있을 때(3)

Explanation-3
칼을 든 상대방의 칼을 위에서 아래로 과감하게 삼단봉
으로 내리쳐 떨어뜨린다.

1. 경호대상을 수팔로 치려 할 때(1)

Explanation-1

왼쪽 수팔로 경호대상을 측후방으로 밀치는 동시에 오른팔로는 상대방의 공격 팔을 막는다. 그리고, 일보 전진하며 수장으로 상대방의 가슴명치부분을 힘차게 밀쳐 내 제압한다.

Start

2. 경호대상을 수팔로 치려 할 때(2)

Explanation-2

다가오는 상대를 반원바꿔앞전환으로 다가 서 팔을 잡아 꺾어 지면에 사진과 같이 쓰러뜨려 제압한다. 그리고 무릎을 이용하여 역습할 수 없도록 완전하게 눌러 제압한다

VII
경호무술 7
실전편
Start

3. 경호대상을 수팔로 치려 할 때(3)

Explanation-3

측면에서 공격하는 상대의 오른팔을 오른손 외손목굽으로 아래에서 위로 360° 돌리는 동시에 오른발 무릎차기로 명치복부를 가격하여 제압한다.

119

4. 경호대상을 수팔로 치려 할 때(4)

Explanation-4

반원바꿔뒷전환으로 돌아서는 동시에 상대의 팔과 목을 감싸 잡아 업어 쳐 지면에 과감하게 쓰러뜨린 후 사진과 같이 제압한다.

VII
7. 경호무술 실전편
경호무술 7
실전편
Start

5. 경호대상을 수팔로 치려 할 때(5)

Explanation-5

정면에서 공격하는 상대방의 팔을 외손목굽으로 회쳐 막는 동시에 평정권으로 명치를 발차기로 힘차게 찬다. 그리고 이어 오른쪽 무릎차기로 상대방의 명치 복부를 강하게 가격하여 제압한다.

6. 경호대상을 수팔로 치려 할 때(6)

Explanation-6

공격해 오는 왼팔로는 경호대상을 측후방으로 밀어
내고 오른손으로는 공격하는 상대방이 손목을 잡아
뒤로 꺾어 사진과 같이 지면에 쓰러뜨려 제압한다.

(3) 경호대상을 발차기로 차려 할 때 설명 (예) EXAMPLE

1. 경호대상을 발차기로 차려 할 때(1)

Explanation-1
측후방에서 상대방이 접근해 올 경우에는 사진과 같이 과감하게 뒤차기로 제압한다.

Start

2. 경호대상을 발차기로 차려 할 때(2)

Explanation-2

전방향에서 상대방이 접근하는 경우에는 우선, 경호대
상을 호위잡기법으로 잡은 다음 반원바꿔뒷전환과 동시
에 옆차기나 뒤차기로 상대방을 사진과 같이 제압한다.

경호무술 7
실전편

3. 경호대상을 발차기로 차려 할 때(3)

Explanation-3

상대방이 전방향에서 경호대상을 발차기로 공격하려고 할 때에는 족장밀어차기로 상대방의 발차기를 방어 한다 음 재차 공격이 있는 경우 사진과 같이 하단옆차기로 제압한다.

1. 경호대상을 봉으로 공격하려 할 때 (1)

Explanation-1

전방향에서 무기를 들어 경호대상을
공격하려고 할 때에는 우선 무증공법
하단밀치기로 경호대상을 측후방으로
밀치는 동시에 서서돌려차기와 같은
발차기로 공격하는 상대방을 사진과
같이 제압한다.

경호무술

2. 경호대상을 봉으로 공격하려 할 때(2)

Explanation-2

무기를 이용해 경호대상을 공격하려는 상대로 부터 안전하게 하기 위하여 호위잡
기법을 이용하여 경호대상을 후방으로 순간 이동시킨 다음 서서돌려차기와 같은
방법으로 무기를 들었던 팔을 가격하여 사진과 같이 무기를 떨어뜨리도록 한다.

3. 경호대상을 봉으로 공격하려 할 때(3)

Explanation-3

전방향에서 공격하는 상대방을 발등반달내려찍어차기로 가격하는 동시에 경호
대상의 신변안전을 위한 호위각도를 유지한다.

경호무술 7
실전편

4. 경호대상을 봉으로 공격하려 할 때(4)

Explanation-4

전방향에서 무기를 들어 공격하려고 할 때 삼단봉을 이
용하여 내려치려는 무기를 막는 동시에 발차기로 상대방
의 낭심을 힘차게 사진과 같이 찬다.

1. 경호대상을 검(칼)으로 공격하려 할 때(1)

Explanation-1

전방향에서 칼을 들어 경호대상을 찌르려고 할 때 무증공법 중단밀어치기로 경호대상을 후방으로 안전하게 밀치는 동시에 찌르는 손목을 잡고 반원바꿔앞전환 자세로 전환하면서 사진과 같이 상대를 업어 친다.

2. 경호대상을 검(칼)으로 공격하려 할 때(2)

Explanation-2

전방향에서 칼을 들어 경호대상을 찌르려고 할 때 무증공법
기술로 경호대상의 목, 어깨부분을 걸어 경호대상을 측후방으
로 안전하게 밀치는동시에 찌르는 상대방의 칼을 피하는 동시
에 사진과 같이 상대를 앞차기로 과감하게 차 제압한다.

Start

경호무술

후방에서 칼을 들어 경호대상을 찌르려는 순간 경호대상을
무증공법 하단밀어치기로 안전하게 이격시키는 동시에 전환법
을 이용하여 전환하면서 손목잡고 세팔굽으로 등내려찍고 삼각
팔굽으로 목 친 다음 지면에 쓰러트려 상대를 사진과 같이 제압
한다.

4. 경호대상을 검(칼)으로 공격하려 할 때(4)

◻Explanation-4

칼을 든 상대가 전방향에서 경호대상을 공격하려고 할 때 우선 경호대상을 무증 공법 하단밀치기로 쓰러트려 안전하게 한 다음 사진과 같이 다리 감아 제끼기로 상대방을 쓰러뜨린 후 몸을 360° 계속 돌려 다리를 제압한다.

Start

5. 경호대상을 검(칼)으로 공격하려 할 때(5)

■ Explanation-5

경호대상을 후하방으로 사진과 같이 잡아 쓰러뜨려 칼의 공격으로부터 안전하게 하는 동시에 상대방의 앞발을 하단 발목감아차기와 같은 특수 발차기를 이용하여 쓰러뜨린다. 이어서 쓰러진 상대방의 몸위로 올라타 사진과 같이 역습할 수 없도록 제압한다.

VII
경호무술 7
실전편
145

6. 경호대상을 검(칼)으로 공격하려 할 때(6)

■Explanation-6

전방에서 무기를 들어 찌르려고 할 때에 경호대상을 사진과 같이 잡아 후방호위 낙법을 취하여 안전하게 한 다음 동시에 반누워 옆차기로 상대방의 명치복부를 가격하여 제압한다.

Start

VII
경호무술 7
실전편

1. 경호대상을 권, 소 (총) 으로 겨누고 있을 때 (1)

☐Explanation-1

　반원앞전환과 동시에 외서내로 상대방의 손목을 잡는 동시에 수직으로 꺾어 총을 탈취한 다음 탈취한 총으로 상대방의 뒤통수를 내리 쳐 사진과 같이 제압한다. 겨누고 있는 상대방의 총을 향해 전측방으로 전환선법 자세를 이용하여 접근하는 동시에 막잡당자세를 이용하여 총을 잡아 측하방으로 꺾어 틀어 탈취한다. 이 자세는 한동작으로 흐름이 이어지도록 하는 기술이 요구된다.

GUARD MILITARY

경호무술

Start

2. 경호대상을 권,소(총)으로 겨누고 있을 때(2)

Explanation-2

전방향에서 상대방이 경호대상을 총으로 겨누려 할 때 내측으로 팔을 뻗어 총손잡이 부분으로 상대방의 손목을 강하게 내리 쳐 총을 떨어뜨리게 하는 동시에, 이어 겨드랑이 사이로 팔을 뻗어 사진과 같이 업어치기 자세로 상대를 완전하게 제압한다.

3. 경호대상을 권,소(총)으로 겨누고 있을 때(3)

Explanation-3

상대방이 경호대상의 머리에 총을 겨누고 있을 때 삼단봉을 이용하여 총을 잡은 팔사이로 삼단봉을 찔러 넣은 다음, 대각으로 제껴 총을 떨어뜨리게 한 다음 삼단봉으로 몸통을 가격하여 제압한다.

VII
7. 경호무술 실전편
경호무술 7
실전편

4. 경호대상을 권,소(종)으로 겨누고 있을 때(4)

Explanation-4

경호대상을 상대방이 어깨를 잡고 있을 때 삼단봉을 이용하여 잡고 있는 손목을 사진과 같이 가격하여 제압한다.

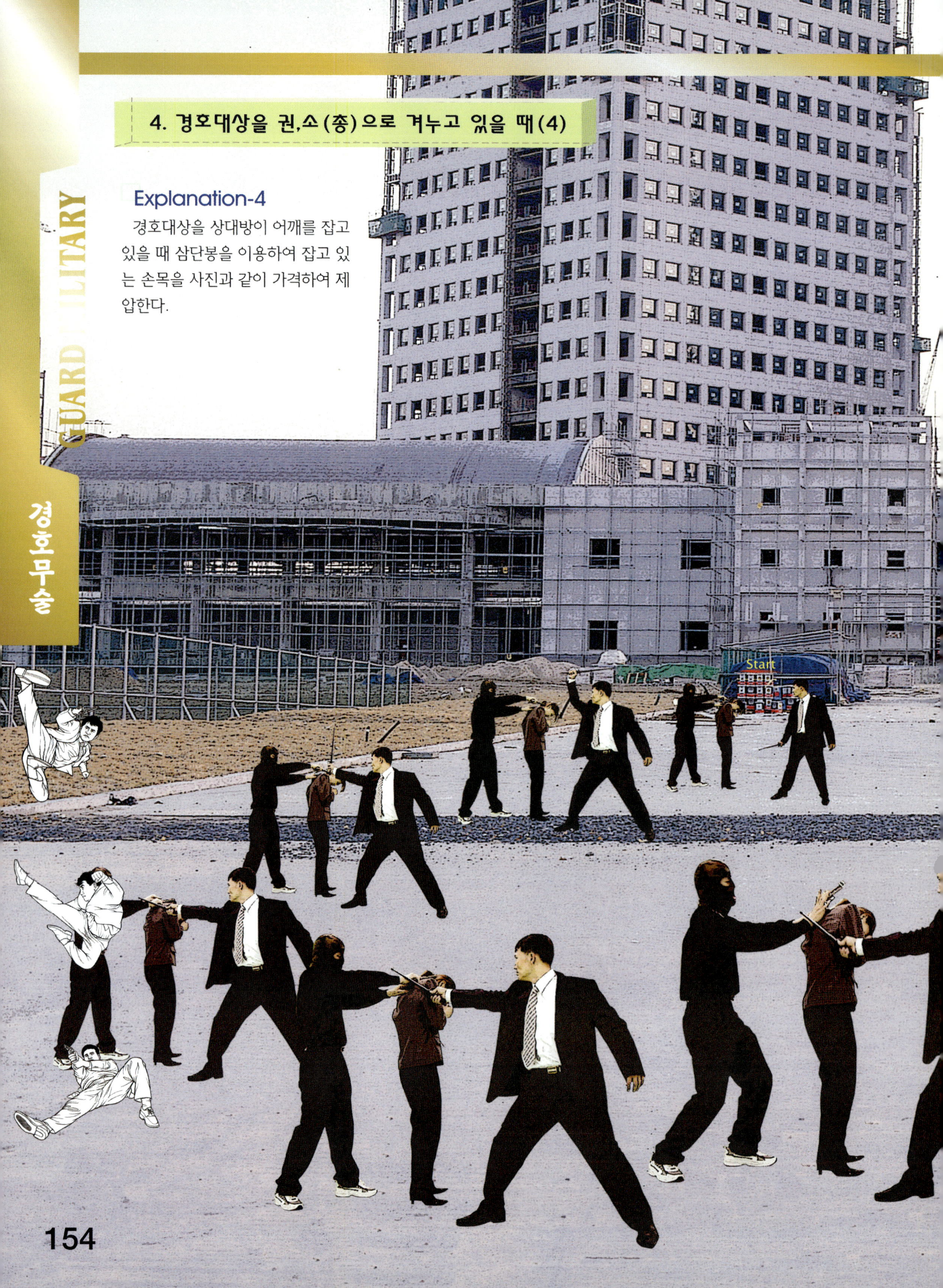

VII
경호무술 7
실전편
7. 경호무술 실전편

GUARD MILITARY

경호무술

Explanation-5

경호대상을 잡고 총을 머리에 겨누
고 있을 때 신속, 과감하게 옆차기로
사진과 같이 제압한다. 이때, 주의할
점은 겨누고 있는 팔과 몸통을 정확
히 가격해야만 한다.

6. 경호대상을 권,소(종)으로 겨누고 있을 때(6)

Explanation-2

경호대상을 겨드랑이 사이에 넣어 목을 조르며, 총을 겨눌 때 방심하는 틈을 타 신속, 과감하게 낭심을 발로 차 제압한다.

1. 경호대상을 투척물로공격 할 때(1)

2. 경호대상을 투척물로공격 할 때(2)

Explanation-2

전방향에서 돌이나 계란과 같은 투척물로 경호대상을
공격하려고 할 때 우선, 우산을 이용하여 투척물을 막고,
동시에 우산을 사진과 같이 접어 상대방의 명치복부를 찌
른다.

(8) 경호대상을 제압하고 있을 때 설명(예)　　　EXAMPLE

Start

1. 경호대상을 제압하고 있을 때(1)

□ Explanation-1

경호대상을 지면에 쓰러트려 제압하고 있을 때 사진가 같이 서서돌려차기로 과감하게 제압한다.

160

GUARD MILITARY

VII. 팀워크 호위호신술

1. 보행시 호위대형(예)

1인1조 기본

1인1조 응용

2인1조 기본

162

1조 응용대형

1조 기본대형

1조 응용대형

경호무술

1조 기본대형

1조 기본대형

경호무술

인 1 조 호위방어

주차장
2. 보행시 설명 (예)   EXAMPLE
3. 보행시 (3)
B
C
Start
C
GUARD MILITARY
경호무술
Explanation-3
측면에서 공격하려는 상태에서 무증공법 하단제끼기로 경호대상을 안전하게 하는 동시에 공격하는 상대에 총을 겨누어 제압한다.
168

4. 보행시 (4)

Explanation-4

전측방에서 총을 이용해 경호대상을 공
격하려는 상대로부터 안전하게 하기 위하
여 무증공법 중단제끼기로 안전하게 뒤로
하는 동시에 사진과 같이 호위사격자세로
상대방을 겨누어 제압한다.

GUARD MILITARY
경호무술
5. 보행시 (5)
Start
B
C
B
C
B
Explanation-5
전측방에서 공격하려는 상황에서 우선
무증공법 중단제끼기로 안전하게 뒤로
위치케 하는 동시에 삼단봉으로 목측면
을 사진과 같이 힘차게 가격하여 쓰러뜨
려 제압한다.

6. 보행시 (6)

Explanation-6

전측방에서 상대방이 경호대상을 공격
하려는 상황에서 무증공법 하단제끼기로
안전하게 뒤로 한 다음 삼단봉으로 칼을
든 손목을 내리쳐 칼을 떨어뜨리게 하여
제압한다.

경호무술

Explanation-7

전방에서 무기를 들어 경호대상을 공격하려는 상황에서 경호대상을 호위하기 위하여 우선 무증공법 하단제끼기로 안전하게 뒤로 위치케 한 다음 삼단봉으로 칼을 든 상대방의 양손목을 대각으로 동시에 떨어뜨리게 하여 사진과 같이 제압한다.

4. 보행시 (4)

Explanation-4

전측방에서 총을 이용해 경호대상을 공
격하려는 상대로부터 안전하게 하기 위하
여 무증공법 중단제끼기로 안전하게 뒤로
하는 동시에 사진과 같이 호위사격자세로
상대방을 겨누어 제압한다.

173

Explanation-5

전측방에서 공격하려는 상황에서 우선 무증공법 중단제끼기로 안전하게 뒤로 위치케 하는 동시에 삼단봉으로 목측면을 사진과 같이 힘차게 가격하여 쓰러뜨려 제압한다.

6. 보행시 (6)

Explanation-6
전측방에서 상대방이 경호대상을 공격
하려는 상황에서 무증공법 하단제끼기로
안전하게 뒤로 한 다음 삼단봉으로 칼을
든 손목을 내리쳐 칼을 떨어뜨리게 하여
제압한다.

VII

7. 경호무술 실전보

특호
기위
술
법

B

C

B

7. 보행시 (7)

Explanation-7

전방에서 무기를 들어 경호대상을 공격하려는 상황에서 경호대상을 호위하기 위하여 우선 무증공법 하단제끼기로 안전하게 뒤로 위치케 한 다음 삼단봉으로 칼을 든 상대방의 양손목을 대각으로 동시에 떨어뜨리게 하여 사진과 같이 제압한다.

8. 보행시 (8)

Explanation-8

정면에서 공격하려는 상황에서 무증공법 중단제
끼기로 뒤로 안전하게 위치케 유도한 다음 삼단전
기충격기로 목에 대어 충격을 가하여 제압한다.

9. 보행시 (9)

Start

Explanation-9
전방에서 경호대상을 공격하려는 상대를 앞쪽에 위치한 경호원이 제압하고 후면에 있는 경호원들은 경호대상을 호위한다. 이 때, 공격하려는 상대를 제압하는 앞쪽 경호원중 가장 근접한 경호원이 선제압하고 실패를 대비하여 다른 경호원은 경호대상을 호위잡기 자세로 경호대상을 긴급피난을 돕고 다른 한명의 경호원은 또다른 공격에 대비하여 호위 견제한다.

10. 보행시 (10)
GUARD MILITARY
경호무술

Explanation-10

전방에서 공격하는 상대방을 앞에 있는 경호원들이 삼단봉을 꺼내 좌우 교차시켜 막는 동시에 후면에 위치한 경호원들은 호위 잡기법을 이용해 안전하게 후방으로 위치케 한다. 또 한명의 경호원은 이를 호위 견제하는 자세를 취한다.

GUARD MILITARY
경호무술

Explanation-11
전방에서 공격하는 상대방을 앞쪽 경호원들이 동시에 수
팔수평치기로 제압하는 동시에 후면에 있는 경호원중 한명
은 무증공법 중단제끼기로 밀치고, 또 한명은 호위잡기법
으로 경호대상을 안전한 방향으로 긴급피난 할 수 있도록
일사분란하게 자세를 취한다.

GUARD MILITARY
경호무술
12. 보행시 (12)
Start
☐Explanation-12
　전방향에서 상대방이 경호대상을
총으로 겨누려 할 때 사진과 같이 한
명을 제외한 나머지 경호원은 경호
대상을 중심으로 인격을 구축하여
호위하면서 상대를 견제 한다.

13. 보행시 (13)
Start
Explanation-13
전방향에서 상대방이 경호대상을 총으로 겨누려 할 때 사진과 같이 한명을 제외한 나머지 경호원은 경호대상을 중심으로 인벽을 구축하여 호위하면서 상대를 견제 한다.
VII
경호무술 7
실전편

Start

□**Explanation-14**

전측방 근접한 거리에서 상대방이 경호대상을 총을 겨누려 할 때 가장 근접한 경호원이 신속, 과감하게 총을 사진과 같이 잡아 꺾어 내리고, 나머지 경호원들은 경호대상을 중심으로 인벽을 구축하는동시에 상대방을 총으로 겨누어 견제한다.

이때, 중요한 것은 후면에 위치하고 있는 경호원이 경호대상을 호위잡기로 쓰러뜨리거나 호위낙법으로 쓰러뜨려 안전하게 호위하는 것이다.

15. 보행시 (15)
Explanation-15
전방에서 경호대상을 총으로 겨누려 할 때, 전방에 위치한 경호원 두명이 동시에 제압하는 기술로서, 한명은 총을 탈취하고, 다른 한명은 상대의 목을 팔로 감아 당겨 쓰러뜨린다. 이때, 후면에 위치한 경호원이 경호대상을 호위잡기를 이용하여 안전지대로 긴급이탈한다.
Start
VII
경호무술 7
실전편
7. 경호무술〉실전편

16. 보행시 (16)

Explanation-16.
전측방 동시에 경호대상을 공격하려고 하는 순간,
가장 근접한 경호원들이 각각 상대를 신속, 과감하게
제압하고 한명은 제압실패에 대비해 견제하고, 나머
지 한명은 경호대상을 호위잡기 기술을 이용하여 안
전지대로 긴급이탈한다.
Start

경호무술 7
실전편

Explanation-17

전측방 공격시 근접한 경호원이 신속, 과감하게 삼단봉을 이용하여 막고, 치고하는 기술을 이용하여 제압하는 동시에 한명의 경호원은 경호대상을 호위잡기 기술로 경호대상을 우선 안전하게 하는 임무를 수행하고 나머지 경호원은 상황에 따라 공격하는 상대를 제압하는데 일조한다.

18. 보행시(18)

GUARD MILITARY
18. 보행시(18)
Explanation-18
전측방 좌우에서 동시에 총을 겨누려 할 때에는 앞쪽에 위치한 근접한 경호원이 각각 상대를 견제하고 후면에 있는 경호원은 호위낙법으로 경호대상을 안전하게 착지한 다음 사진과 같이 인벽을 쌓아 호위한다.
Start

19. 보행시 (19)

▢Explanation-19

전후방에서 동시에 경호대상을 공격할 때 가장 가까운 경호원이 삼단봉을 이용해 상대를 제압하고 나머지 경호원은 경호대상을 호위잡기로 안전하게 현장 이탈을 돕도록 한다.

20. 보행시 (20)

□Explanation-20
보행중 공격은 있으나, 공격방향을 모를 때, 신속하게 방향전환하는 팀웍자세

경호무술 7
실전편

21. 보행시 (21)

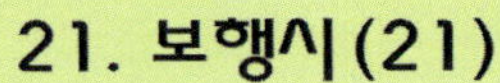

■ **Explanation-21**

　후방 좌우측에서 상대방이 총을 겨눌 때 후면에 위치한 경호원이 가장 신속하게 위험을 인지한 경우, 우선 경호대상을 사진과 같이 육탄방어하고 나머지 경호원들이 총을 들어 상대방을 겨누어 견제토록 한다.

Explanation-22

전방 좌우측에서 동시에 경호대상을 총으로 겨눌때에는 우선, 방탄 가방을 펼쳐 경호대상의 모로하며, 앞쪽에 위치한 경호원들이 인력을 구축하며, 총을들어 견제 한다. 이때 후면에 위치한 경호원은 호위낙법을 이용하여 가장 신속하고 빠른 동작 으로 안전을 유지한다.

23. 보행시 (23)

Explanation-23

경호대상을 공격하는 상황에서 공격으로부터 보호하기 위해 후방호위낙법을 실시하는 동시에 발차기로 낭심을 힘차게 차 사진과 같이 제압한다.

Start

호위무도의 기본원리
호위
호신술법

경호무술

Explanation-24

전방 또는 후방에서 좌우측 동시 공격시 가장 가까운 경호원이 총을 꺼내 견제하고 가장 빨리 위험을 인지한 경호원이 경호대상을 보호하기 위해 상의 옷깃을 좌우로 펼쳐 경호대상을 은폐시켜 상대의 조준사격이 불가능 하도록 유도한다.

경호무술 실전편
경호무술 7
실전편

1. 회의시 (1) –1인 급조무기 공격시 (전방)

Explanation-1

위해자가 맥주병등을 들어 경호대상을 치려할 때에 옆에 있는 경호원이 치려는 위해자의 손목을 신속하게 잡아 사진과 같이 저지시킨다. 다음으로 사진과 같이 2명의 경호원이 위해자의 팔과 머리를 잡아 당겨 지면에 쓰러뜨려 제압하는 동시에 경호대상은 또다른 경호원이 호위하여 보호되도록 한다.

Explanation-2

위해자가 칼을 들어 경호대상을 찌르려 할 때 경호원들이 신속, 과감하게 삼단봉을 사진과 같이 위해자의 손목을 가격하여 저지시킨다. 그리고 위해자의 팔과 어깨를 사진과 같이 꺾어 제압한다.

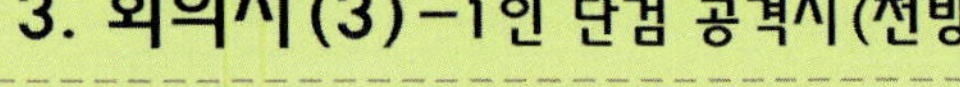

3. 회의시 (3) −1인 단검 공격시 (전방)

Explanation-3

칼을 들고 위해자가 경호대상에게 접근하려고 할 때에는 경호대상 앞으로 진입할수 없도록 사진과 같이 탁자등을 세워 진입로를 차단한다. 그리고 이어서 위해자의 칼을 탈취하는 동시에 사진과 같이 완전히 제압한다.

206

4. 회의시 (4) – 1인 단검 공격시 (전방)

Explanation-4

위해자가 칼을 꺼내 경호대상을 찌르려고 할 때에 가장 앞에 있는 경호원이 사진과 같이 신속한 발차기등으로 사진과 같이 저지시킨다. 그리고 이어서 뒤쪽에 위치해있던 경호원들이 상대방의 목과 팔을 감아 낚아채 쓰러뜨린후 역습하지 못하도록 완전하게 제압한다.

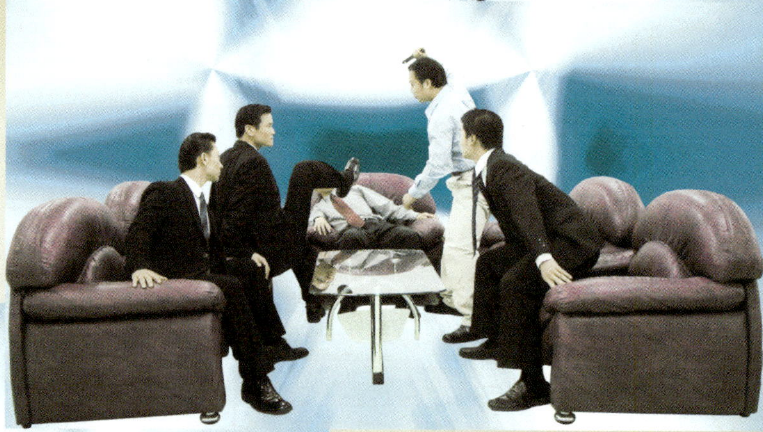

경호무술 7
실전편

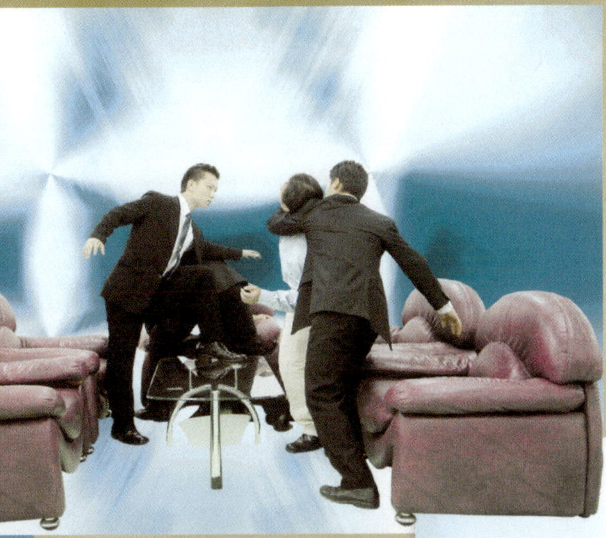

5. 회의시 (5) – 1인 단검 공격시 (후방)

Explanation-5

경호대상의 등뒤에서 위해자가 기습하는 경우에는 사진과 같이 가장 먼저 발견한 경호원이 신속, 과감하게 몸을 날려 저지시킨다. 그리고 이어서 다른 경호원들은 경호대상을 몸으로 감싸 위해하지 않도록 인벽보호 하도록 한다.

6. 회의시 (6) -1인 중봉 공격시 (전방)

Explanation-6

위해자가 봉과 같은 무기로 경호대상을 치려할 때 사진과 같이 경호원들이 삼단봉을 꺼내 들어 위해자를 저지한다. 이때 3명의 경호원은 위해자를 적극적으로 막아 제압하고 한명의 경호원은 다른 위해자의 공격 가능성을 염두해 두고 경호대상을 보호하며 경계한다.

7. 회의시 (7) -1인 죽도 각목 공격시 (전방)

Explanation-7

위해자가 칼이나 각목등으로 경호대상을 기습하려고 할 때에 일단 위해자의 발과 무기를 경호원들의 일사분란한 팀웍으로 사진과 같이 공격하여 저지시킨다.

물론 경호대상에 대한 또다른 위해자 공격에 대비하여 인벽보호 하도록 한다.

8. 회의시 (8) -1인 장검 공격시 (전방)

Explanation-8

위해자가 검을 들고 경호대상을 위해하려고 할 때에는 테이블에 놓여진 맥주병을 들어 위해자의 얼굴에 신속, 과감하게 투척하여 저지시킨다.

경호무술

Explanation-9

무기를 든 위해자가 경호대상을 공격하려고 할 때에 우선 ,경호원들은 진입을 못하도록 진입로를 차단하는 동시에 위해자를 사진과 같이 신속, 과감하게 제압하여 저지시킨다..

경호무술7
실전편

GUARD MILITARY

Explanation-10

위해자가 경호대상의 측후방에서 총을 겨누려할 때에 가장 가까운 경호원이 저지시키는 동시에 다른 경호원들은 사진과 같이 경호대상을 육탄방호한다.

11. 회의시 (11) –1인 권총 공격시 (후방)

Explanation-11

총을 든 위해자가 경호대상 측후방에 나타나는 경우 우선 사진과 같이 가까운 경호원들이 경호대상을 순식간에 덮쳐 육탄방호하고, 나머지 경호원들은 위해자를 신속, 과감하게 저지시킨다.

경호무술

Explanation-12

　위해자가 총을 들고 위협할 때에는 위해자와 가장 가까이에 위치한 경호원들이 위해자를 덮쳐 제압하고 경호대상과 가까이에 위치한 경호원들은 경호대상이 앉아 있던 의자를 함께 뒤로 넘어 트려 경호대상이 보호될 수 있도록 한다.

13. 회의시 (13) −1인 총으로 공격시 (전방)

Explanation-13

위해자가 총을 들고 위협할 때에는 위해자와 가장 가까이에 위치한 경호원들이 가로막고 나머지 경호원들은 경호대상을 향해 사진과 같이 덮쳐 방호한다.

14. 회의시(1) -2인 맨손 공격시(전방)

Explanation-14

두명의 위해자가 동시에 공격을 하려고 할 때 신속, 과감하게 경호원들이 일어나 사진과 같이 제압하여 위해자의 공격을 저지시킨다.

225

경호무술

15. 회의시 (2) −2인 중봉, 장검 공격시 (전방)

Explanation-15

　무기를 든 위해자가 전후방에서 경호대상을 동시에 공격하려고 할 때에 사진과 같이 경호원들이 각각 가장 가까운 위해자에게 다가서 저지시킨다. 이때, 최소 한명의 경호원은 경호대상을 우선 보호하도록 한다.

경호무술 7
실전편

경호무술

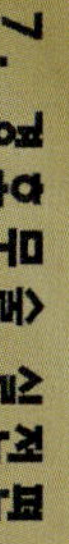

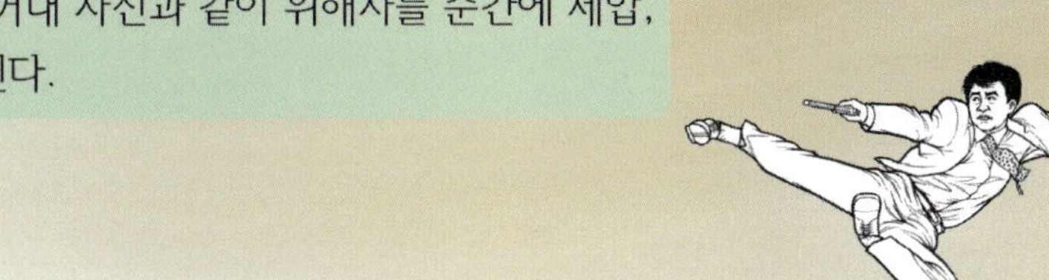

Explanation-16

전후방에서 무기를 든 위해자들이 동시에 공격을 하려고 할 때에 경호원들은 신속, 과감하게 삼단봉을 꺼내 사진과 같이 위해자를 순간에 제압, 저지시킨다.

17. 회의시 (4) -2인 단봉 장검 공격시 (전방)

Explanation-17
위해자가 동시에 나타난 경우 가장 가까운 경호
원들이 각각 발차기와 수기술등으로 사진과 같이
신속, 과감하게 위해자를 저지 시킨다.

경호무술 7
실전편

Explanation-18

위해자가 무기를 들고 동시에 등장한 경우, 경호원들은 사진과 같이 신속, 과감하게 삼단봉등을 이용하여 저지시킨다.

19. 회의시 (6) −2인 권총 공격시 (전방)

Explanation-19

위해자가 동시에 총을 들고 경호대상을 겨누려 할때 경호대상이 위해자의 사격방향에 노출되지 않도록 경호원들은 호위사격 자세로 신속, 과감하게 저지시킨다.

234

20. 회의시 (7) −2인 권총 공격시 (전방)

Explanation-20

　총을 든 위해자가 동시에 나타나 경호대상을 겨누려 할 때 경호대상을 사진과 같이 쇼파를 뒤로 넘겨 육탄방호하는 동시에 탁자를 들어 올려 위해자의 진입로를 차단하고 사격방향에 대한 은폐, 엄폐 방호벽효과로 사용할 수 있도록 하고 위해자들로 부터 가장 가까운 경호원들은 서서쏴 사격자세로 위해자들을 저지시킨다.

경호무술

21. 회의시 (8) −2인 권총 공격시 (전후방)

Explanation-21

　총을 든 위해자들이 전후방에서 동시에 경호대상을 공격하려고 할 때에 경호원들이 사진과 같이 신속, 과 감하게 저지시킨다. 이때, 최소 2명의 경호원은 경호 대상을 우선 덮쳐 육탄방호할 수 있어야 한다.

22. 회의시 (9) -3인 맨손 공격시 (전후방)

Explanation-22
　세명의 위해자가 동시에 전후에서 나타나는 경우 사진과 같이 경호원들이 신속, 과감하게 팀웍을 이루어 제압 저지시킨다.

GUARD MILITARY

경호무술

Explanation-23

위해자에 의하여 폭발물과 같은 투척물이 투척되었을 때, 경호대상의 안전을 위해 투척물이 경호대상에게 날아가지 않도록 사진과 같이 잡아 엎드리는 동시에 나머지 경호원들은 사진과 같이 경호대상을 덮쳐 육탄방호 한다.

경호무술 7
실전편

경호무술

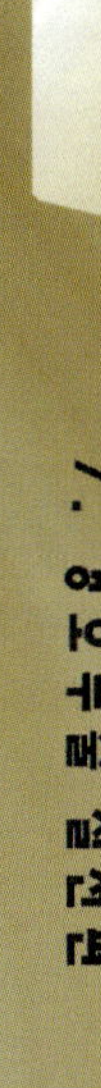

4인1조 하차시 대형

4인1조 하차시 대형

1. 차량경호시

2. 차량경호시

경호무술 7
실전편

경호무술

경호무술 7
실전편

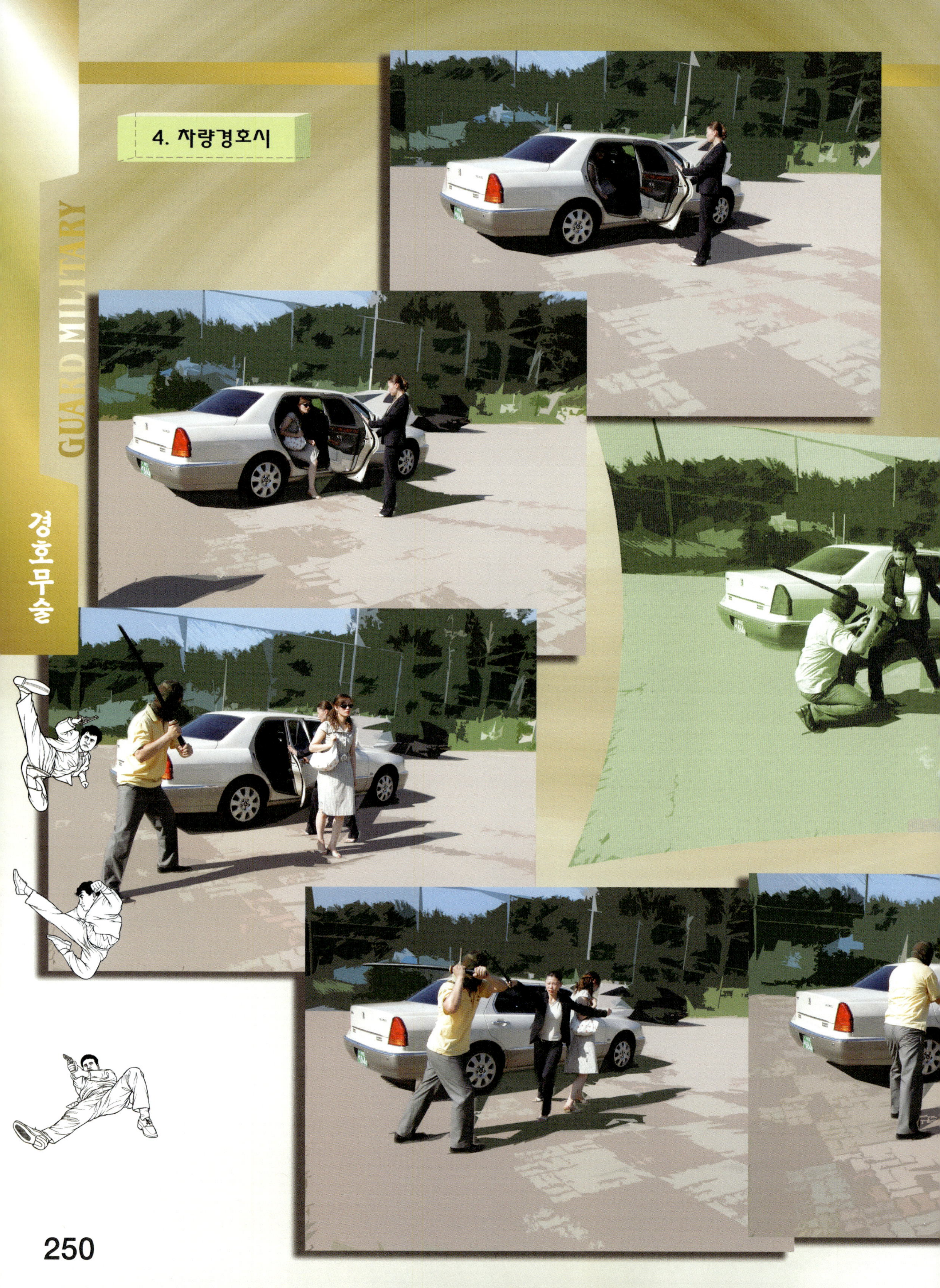
4. 차량경호시
GUARD MILITARY
경호무술

5. 차량경호시

경호무술

254

경 호 무 술 7
실 전 편

8. 차량경호시

9. 차량경호시

10. 차량경호시

경호무술7
실전편

11. 차량경호시

12. 차량경호시

경호무술 7
실전편

267

GUARD MILITARY
경호무술
13. 차량경호시

경호무술

15. 차량경호시

16. 차량경호시

경호무술

17. 차량경호시(13)

경호무술

18. 차량경호시

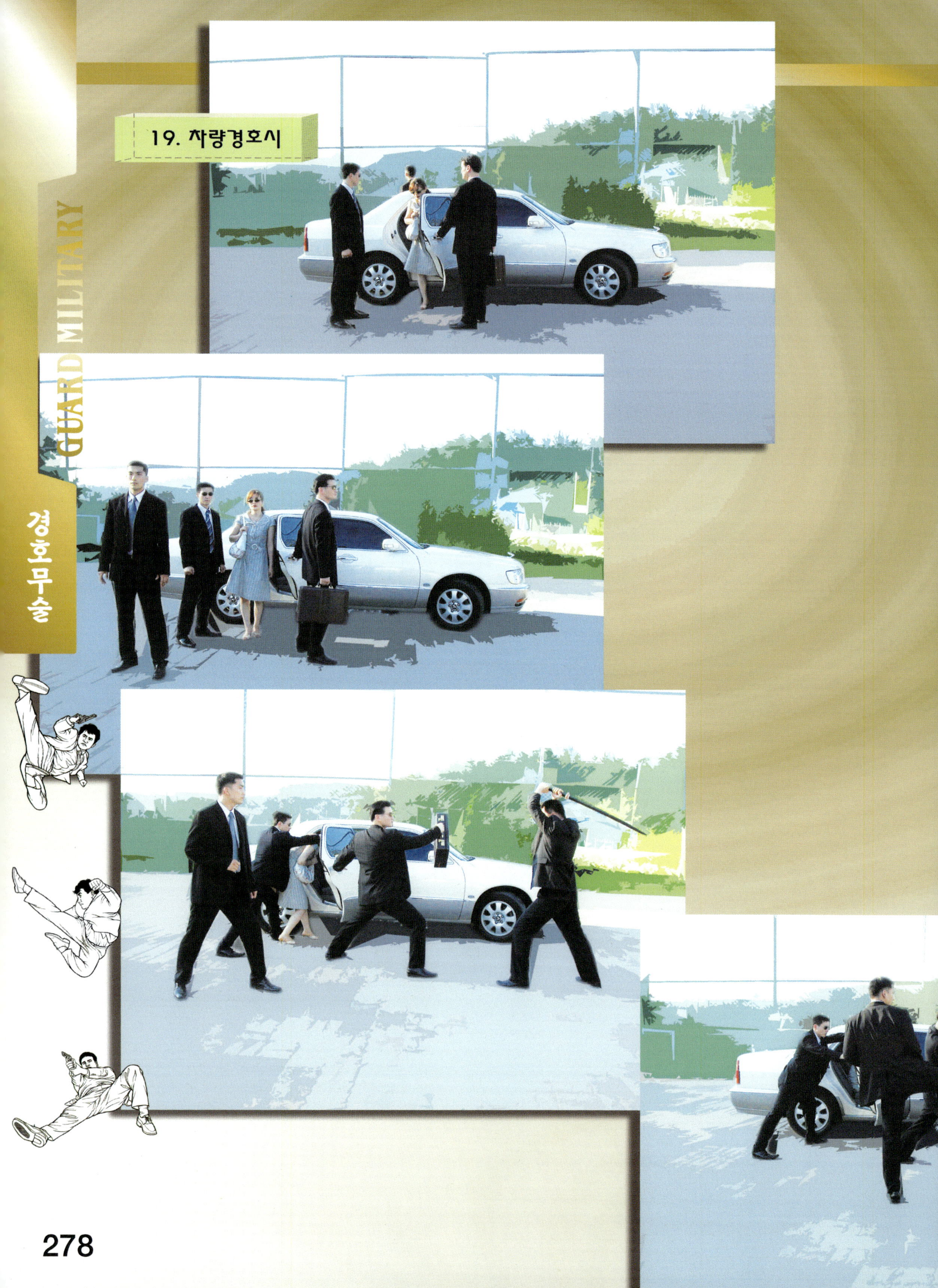

GUARD MILITARY
경호무술
19. 차량경호시

경호무술 7
실전편

20. 차량경호시

경호무술

21. 차량경호시

21. 차량경호시

경호무술

경호무술 7
실전편

장명진

- 사단법인 한국경호무술진흥회 회장
- 전통무예원류적통자 모임 간사
- 장명진경호무술원 총원장
- 국무총리실 국가재난관리본부 자문위원
- 초당대학교 경호학과(경호무술) 겸임교수
- 고려대학교 사범대학원 석사과정(경호무술) 강사
- 선문대학교 무도학과, 충청대학 태권도학과(경호무술) 강사
- 국립경찰대학 수사보안연수소(경호무술/경호전략) 강사
- 중국연길시공안국 보안전문대학교 명예교수
- 한서대학교, 서일대학 사회교육원 경호학과(경호무술) 강사
- KBS아카데미 경호원 양성과정(경호무술) 강사
- 사단법인 한국무예포럼 운영위원
- 주식회사 탐경(경호회사) 대표이사
- 국제경호아카데미 원장
- 국제경호협회 회장
- 한국안전교육학회, 한국경호경비학회 운영위원
- 사단법인 한국경비협회 신변보호분과 운영위원
- 사단법인 한국직능단체총연합회 상임부회장
- 제10기 민주평화통일 자문위원(대통령)
- 윗몸일으키기(14,824회) 기네스기록 보유(1990년)
- 『경호무술』, 『경호실무』 저술(개정7권, 1994년~2011년)
- 『경호직무능력표준』, 『경호자격규정집』(2004년~2005년)
- 「경호산업문제분석과 발전방안에 관한 연구」외 다수의 논문
- 대통령표창(2002년), 국무총리표창(2007년)

[무술입문 및 경호무술 창시보급]

7세에 무예 입문. 태권도, 택견, 합기도, 쿵푸 등을 수련하고 경호무술을 창시하는 등 40여 년간 무공을 쌓았다. 1986년 708특공대(경호부대) 복무 중 86서울아시안게임과 88서울올림픽 경호작전임무를 계기로 경호무술을 연구하기 시작해, 1992년 정립한 경호무술을 국내 최초로 설립된 국제경호아카데미에서 경호원양성 교육과정으로 지도하기 시작하였다. 이후 대학(교) 경호무술학과 및 경호학과와 관련학과에 보급하였다. 1996년 국내최초로 인터넷 경호무술강좌를 시작으로 초·중·고등학생 및 일반인 대상으로 경호무술원을 개원하여 전국에 보급하고 있다. 또한 중국, 미국, 남미지역에 해외지부를 두고 세계화 중에 있으며, 국내외 주요 방송매체를 통해 크게 주목받고 있다.

경호무술 Since 1992 警護武術

경호무술 실전편

7

초 판 인 쇄| 2011년 7월 15일
초 판 발 행| 2011년 7월 15일

지 은 이| 장명진
펴 낸 이| 채종준
펴 낸 곳| 한국학술정보㈜
주   소| 경기도 파주시 교하읍 문발리 파주출판문화정보산업단지 513-5
전   화| 031) 908-3181(대표)
팩   스| 031) 908-3189
홈페이지| http://ebook.kstudy.com
E-mail| 출판사업부 publish@kstudy.com
등   록| 제일산-115호(2000. 6. 19)

ISBN   978-89-268-2198-5 14690 (Paper Book)
         978-89-268-2199-2 18690 (e-Book)
         978-89-268-2184-8 14690 (Paper Book Set)
         978-89-268-2185-5 18690 (e-Book Set)

이담 Books 는 한국학술정보(주)의 지식실용서 브랜드입니다.